教育的目的

[英] 怀特海 著
张亚琴 鲁非凡 译

山西出版传媒集团 山西教育出版社

水西·书系
SHUIXI SHUXI

一个人是千万人的出发点

图书在版编目（CIP）数据

教育的目的 /（英）怀特海著 ；张亚琴，鲁非凡译
. —太原 ：山西教育出版社，2022.6（2022.7 重印）
ISBN 978-7-5703-2291-6

Ⅰ. ①教… Ⅱ. ①怀… ②张… ③鲁… Ⅲ. ①教育目的 Ⅳ. ①G40-011

中国版本图书馆 CIP 数据核字（2022）第 062420 号

教育的目的
JIAOYU DE MUDI

责任编辑 樊丽娜
助理编辑 赵 越 陈 莹
复　　审 刘继安
终　　审 康 健
装帧设计 崔文娟
印装监制 蔡 洁

出版发行 山西出版传媒集团·山西教育出版社
（太原市水西门街馒头巷 7 号 电话：0351-4729801 邮编：030002）
印　　装 山西基因包装印刷科技股份有限公司
开　　本 720mm×1020mm 1/16
印　　张 9
字　　数 150 千字
版　　次 2022 年 6 月第 1 版 2022 年 7 月山西第 3 次印刷
书　　号 ISBN 978-7-5703-2291-6
定　　价 36.00 元

怀特海教育思想的生命力

一

教育家大体可以分为两种类型，一种是自下而上型的，这类教育家大多经历过长期的教育实践探索或教育理论研究，从而形成了自己的教育思考。另一种是自上而下型的，这类教育家以研究人、自然、社会的关系与发展为己任，在人类文明发展的大背景下思考教育，其教育思想是他们的思想体系中的一个组成部分。怀特海属于后一种类型的教育家。

《教育的目的》是怀特海讨论教育问题的著述。该书问世近一个世纪以来，在世界范围内产生了持久而广泛的影响，被视为20世纪最为优秀的教育著述之一。全书的精华，也即全书的生命力，可以用怀特海自己的话来概括："我在本书的写作中一直贯穿着一个核心主旨，并从多个维度反复论述：学生是鲜活的生命体，教育的目的是为了激发和促进他们的自我成长与自我学习。"① 基于这一立场，怀特海继续说："本书通篇反对生搬硬套的死记硬背和毫无温情与敬意的灌输的观点与立场。"②这些话言简意赅，落地有声，既是全书思想的概括，也是全书表达风格的缩影。书中许多章节都闪现着这样的思想火花。

需要说明的是，怀特海一生著作等身，但他实际上并没有写过任何的教育专著。《教育的目的》主要是他在伦敦大学和哈佛大学工作期间，在各类学会、论坛上的演讲集。也正因为是演讲，使得这本书表述清晰，通俗易懂，有更大的传播效果和影响力。全书行文简明扼要，许多重要的思想、闪光的智慧，散落在各个章节。阅读时，不时让人或茅塞顿开，或掩卷凝思。比如："移动书柜式的人物不过是这世界上最无用的人。"③比如："只有当你丢掉课本、烧掉笔记、忘掉为应付考试而记忆

---

①②详见本书英文版序言，③详见本书第1页。

的一些知识点时，剩下的内容才是对我们而言真正的有用之物。”① 比如：“我们必须牢记，教育不是一个往汽车后备箱塞满东西的过程，这样的比喻不够恰当，教育的过程有其固有的特点，可以更为贴切地把它比喻成一个生命吸收营养的过程。”②比如：“如果想要有所理解，那就必须事必躬亲，亲自动手去实践，这是一条王道。”③这些论断的价值不在于给你讲述了哪些系统的理论，而在于给你带来启迪与思考。这应该就是思想家的魅力。

教育思想仅仅是怀特海思想体系的一个组成部分，或者说是怀特海用哲学的眼光对教育问题的审视。作为一名思想家，怀特海学术生涯的黄金期集中在 20 世纪初叶在哈佛大学工作期间，他是那个时期世界范围内最著名、最活跃的思想家之一。胡适、贺麟等当时在美国工作或学习的我国学者都曾登门拜访、当面请教过怀特海。而真正属于怀特海的时代，也许还不是 20 世纪。20 世纪晚期，怀特海再次回到世界思想舞台的中央，成为人们关注的焦点。美国率先成立了过程研究中心，成为怀特海思想的专门研究机构。国际怀特海大会定期举行，吸引了来自世界各地的怀特海研究者。2015 年在美国召开了第 10 届世界怀特海大会，会议研究主题为：把握另一种选择——走向生态文明。这届怀特海大会与第 9 届生态文明国际论坛合并举行。1600 多名学者参加大会，其中包括来自我国的 100 多名学者。由此可以看出怀特海思想与日俱增的影响力。

这次会议的标志性意义在于，会议的主题显示了怀特海思想与现代生态文明的关系。怀特海哲学被称为过程哲学，或有机哲学。怀特海思想的主题是关于宇宙万物的关系、状态、结构，及其生命、创造、和谐等审美性质。从某种意义上讲，怀特海一生的探索，是在为生态文明这一 21 世纪的人类发展主题提供哲学依据。怀特海属于生态文明时代的哲学家。

二

《教育的目的》一书讨论了许多中小学教育教学问题。接下来笔者就怀特海的几个重要的教育思想做点评介。

①详见本书第 35 页，②详见本书第 43 页，③详见本书第 68 页。

关于教育节奏。 这是怀特海用过程哲学方法俯瞰教育问题的一个典范。教育是一个过程，这个过程由不同的阶段构成，这些阶段各有特色，各有作用，从而形成教育过程特有的开启、发展、应用三个环节，怀特海称之为教育节奏：初始的自由阶段为"浪漫阶段"，中间的训练阶段为"精确阶段"，最后的自由阶段为"综合运用阶段"。教育节奏包括教育过程的多层面的循环周期，既可以指小学、中学、大学的大循环，也可以指一个学习单元、一节课的小循环。不管是大循环还是小循环，它们都有着相同的特点，那就是节奏性。

通俗地讲，浪漫阶段指学习过程的感性触摸阶段。当学生开始学习一个新内容、新章节时，他首先接触的是具体可感的学习对象，如一种自然现象、一段历史故事、一篇优秀文章等。怀特海高度重视这个环节的学习。在本书的许多章节，他都反复强调浪漫阶段的独特意义。怀特海说："人在面对陌生的环境时，会联想已有的知识和经验，在充斥着复杂观念和经验的情况下做出一系列简单初级的推论。这是一个发现的过程，一个习惯于奇思妙想的过程，一个提出问题和寻求答案的过程，一个尝试新事物的过程，一个探究新冒险会产生什么结果的过程。这一系列的过程是自然而然的，也是足够能引起我们兴趣的。"① 这个阶段的学习特点是不受约束，充满自由与想象。怀特海因此称之为"浪漫阶段"。

接下来的第二个阶段是由感性到理性的精确阶段。在经历了充分自由、充分想象的浪漫过程以后，学生要在老师的引导下，梳理、提炼各种感性现象背后的知识、方法。怀特海指出，在智力发展的精确阶段，我们需要通过获取精准的知识来理解知识背后的相关理论。本书第三章标题为"自由和训练的节奏"，自由指的是浪漫阶段的学习特点，训练指的是精确阶段的学习特点。

学习的第三个阶段是综合运用阶段。怀特海强调，精确阶段并不是学习的终点，学习不能结束在对原理和方法的掌握上。学习的高潮在于对所学知识的应用。"进入综合运用阶段以后，我们不再对知识细节感兴趣，转而推崇理论的灵活运用，此时的知识细节已经融入到下意识的习惯之中。"② 这个阶段的学习，呈现出与浪漫阶段相似的思维特点：自由、主动、多样化和个性化。"综合运用阶段的本质是培养

---

①详见本书第 42 页，②详见本书第 48 页。

一个人从相对被动的训练状态发展为自由运用知识的主动状态。”①

这就是怀特海教育节奏理论的主要内容。应该特别指出的是，怀特海讨论节奏问题时，有极强的问题针对性。他注意到，中小学教学的实际状况是过多、过重地关注中间阶段，即精确阶段。或者说，本应是作为教育节奏的一个环节，恰恰成了教育的最重要环节，甚至是唯一环节。怀特海强调和看重的，是浪漫阶段和综合运用阶段。这些环节充满自由与个性，是满足学生内在生命需求、培养学生创造力的最佳途径。怀特海说：“没有自由探索的浪漫阶段，孩子就培养不出理解力与洞察力。过去的教育之所以失败，很大程度上是因为没有重视和研究智力发展的浪漫阶段，如果没有浪漫阶段的自由探索，孩子从教育中得到的不过是一些枯燥乏味的碎片化知识。”②就中小学教育而言，精准讲授、精确训练是不可缺少的，然而，“学生学习中的首创精神和训练都是必要的，但训练往往会扼杀首创精神，这是一个两难的选择”③。怀特海的选择在首创精神的培养。他说：“在教育的任何一个阶段，自由和训练都是不可或缺的，但是浪漫阶段的重点应该放在自由方面，让孩子们自己观察，自己行动。”④

关于学习的意义。 在讨论教育问题时，怀特海开宗明义：学生是鲜活的生命体。教育的首要问题是如何尊重和呵护学生这一鲜活生命体。基于这样的基本立场，怀特海坚决反对灌输式教育、碎片化教育。解决问题的根本方法在于让学生感悟与理解学习的意义。这是怀特海教育思想的一个重要内容。

如何才能让学生感悟学习的意义，从而把学习过程转化为享受过程？怀特海有如下的思考：应该激发学生当下的兴趣需求，让学生感受到此时此刻的快乐，而不是靠编织未来的理想来吸引学生。“在教育中设定一个远大崇高的长远目标是不切实际的，我们一定要摒弃这种想法和做法。老师的激励应该恰到好处地满足学生周期性的学习渴望，这样学生才会不断地获得成功的喜悦，并开始新一轮的学习周期。”⑤怀特海称之为教育的“金科玉律”。怀特海主张通过以下方式来让学生体会学习过程的喜悦与快乐：一是想方设法激发学生的求知欲。这种欲望体现在学生对未知现象的好奇，对事物表象背后的秩序的热爱。当学生能够从无序、杂乱中走向

---

①详见本书第 49 页，②详见本书第 43 页，③详见本书第 46 页，④详见本书第 43 页，⑤详见本书第 26 页。

秩序、规律时，学生会感受到学习的快乐。二是引导学生感受所学知识与能力的价值意义，在使用知识与能力的过程中形成对知识的热爱。“所谓知识的利用，是指知识要和生活实际相结合，和我们的感觉、情感、希望、欲望以及能调节思想的精神活动联系起来”①，这个过程是学生与知识、能力等学习收获建立情感关系的过程。只有建立了这种情感关系，知识与能力才能转化成学生自己的，否则它们就是头脑中的寄存物，随时都可能被遗忘。其三，也是学习的最高境界，感悟学习过程和学习结果的美的意义。这种情况下，支撑学生学习行为的不再是外在的功利目的，也不是知识的实际应用价值，学习与知识自身就有强大的吸引力，学生陶醉于学习，为学习而学习。怀特海说：“对价值的认同赋予了生命难以置信的力量，没有它，人类就不会有进步，生活也将处在较低层次的被动状态之中。这种力量最为突出的表现就是对美的感悟，即审美意识，欣赏尽善尽美之物的美感。”②

是否能认同和欣赏怀特海的这些思想，关键在于对人性的基本看法。作为思想家，怀特海坚持对人性的尊重、呵护、敬畏的立场。他坚信，在人性深处，潜藏着对未知的好奇，对秩序的热爱，对美的追求。只要能激活这些人性需求，就能激活生命的激情。这是教育的真谛，教育的切入点，也是教育的终极目的。

三

本书的每一章节里都有许多充满睿智的教育洞见，相信读者会发现和喜爱。作为本书序言，这里想谈谈怀特海其人。这或许有助于读者更深入地理解怀特海的教育思想。

怀特海之所以一生关注教育事业的一个重要原因，源于他的出身。他的爷爷是一位乡村绅士，一生从事教育工作。他曾在当地创办过一所学校，并亲自管理，亲自授课。这所学校后来成为当地最好的一所学校。他的父亲有着同样的教育情怀，早年也从事教育工作，做过学校的校长。后来他将更多的精力投入到教会，成为一名在当地颇有影响、受人尊重的神职人员。据史料记载，怀特海父亲以大爱的情怀对待他的工作和周围的人，积极参与各种类型的公益事业，拥有很强的人格魅力。

---

①详见本书第 4 页，②详见本书第 52 页。

小怀特海经常跟随他父亲走访当地的学校和社区。这种有教养、有情怀的绅士家庭文化，对怀特海有着不可磨灭的影响。

除了家庭氛围，还有两个方面的文化因素影响了怀特海的性格与思想，一是他的出生地，二是他所接受的启蒙教育。怀特海出生在英国东南部的肯特郡。他晚年回忆，他的家乡遍布历史遗迹。古罗马时期、盎格鲁—撒克逊时期、诺曼底征服时期等在英国发展史上各个重要时期的古迹遗存，他都有亲自探访的记忆。英国最著名的教堂之一坎特伯雷大教堂，就在他的家乡附近。小怀特海经常去教堂，有机会认识了当时的大主教。这个经历对怀特海成长的影响不可低估。怀特海的传记作者认为，“对任何人来说，就像怀特海一样，要想对文明国家的历史提出自己的观点，在其年轻时了解一位具有高品质政治才能的领袖人物是极为有益的”①。怀特海少年时接触较多、对他影响很深的重要人物，是当时坎特伯雷大教堂的一位大主教。怀特海晚年回忆，“他是我认识的为数不多的伟大人物之一”“应当成为首相”“他的卓越不仅表现在具有雄辩的才能，而且具有政治家的风范和无所不晓的知识”。从怀特海一生的追求和最后的成就不难看出早期生活留在他心灵深处的烙印。

怀特海小时候身体虚弱，他的启蒙教育基本上在家庭完成，由他父亲教他各科课程。他 14 岁时才离开家庭，进入谢伯恩公学读书。这是一所有着 1300 年历史的名牌学校。据说，阿尔弗雷德王，这位英国早期史上最重要的政治人物，就曾在这所学校读书。请读者注意一个有意义的细节：在谢伯恩公学的入学登记表上，有“有目的的生活追求”一栏。14 岁的怀特海在填写这个栏目时只写了一个单词：剑桥。我们可以从这则材料看出这所学校的办学风格，也可以看出少年怀特海的志向。他在这里接受了良好的基础教育，他的成绩始终名列前茅，数学成绩最为出色，稳居全校第一。他是这所学校的骄傲。据说，现在这所学校还有一个以怀特海名字命名的学生社团。

从谢伯恩公学毕业后，19 岁的怀特海如他所愿，顺利进入剑桥大学读书。从此，他从学生到教授，一生都在大学度过。人们一般把怀特海的学术生涯分为三个时期：第一时期为剑桥大学时期，也称数学时期（从 19 岁到 39 岁）。他是那个时

---

① 维克多·洛．怀特海传（第一卷）[M]．杨富斌、陈伟功，译．北京：商务印书馆，2018.

代杰出的数学家，写过许多重要的数学著作。第二时期为伦敦大学时期，也称科学哲学时期（从 40 岁到 63 岁）。这个时期，他的关注点从数学走向科学和科学哲学，并参与了大量的行政工作和社会活动。第三时期为哈佛大学时期，也称过程哲学时期（从 63 岁到 86 岁）。这个时期是怀特海事业发展的鼎盛时期，他最精彩、最重要的著作都写于这个时期。怀特海对人类的大爱情怀，体现在他对人类文明的几乎所有问题的关注与思考上。日本学者称怀特海为“有 7 个面孔的思想家”：数学家、逻辑学家、哲学家、科学史家、教育家、社会学家、科学家。这个评价恰如其分。

上文说过，怀特海教育思想的全部出发点在于对学生鲜活生命的尊重。这种情怀与修养，首先体现在怀特海高尚的人品上。读怀特海传记，不断地让人想到一个词语：英国绅士。怀特海的修养，曾经成为当时学术界的佳话。他在哈佛大学的同事回忆：“他这个人，做事胸有成竹，努力追求真理，平时言语不多，但是一旦发言，言必有物。”“他可能不同意你的观点，但他从来不会使你感到尴尬。”一位哈佛大学的教授说过，直到他认识了怀特海，才知道什么叫谦逊。怀特海传记作者感慨：他以令人由衷感佩而和蔼可亲的哲人形象闻名于世。人们称他为大善人，为人们所爱戴。他待人极为谦和，礼貌到无可挑剔。

严格意义上讲，怀特海并没有从事过中小学教育工作，也没有系统研究过中小学教育问题。但是，对中小学教育的思考，伴随他一生。在伦敦工作期间，怀特海作为大学教师，热心于伦敦各类教育的考察、研究活动。他担任过伦敦的幼儿教育机构、中小学教育机构、高等教育机构的专家委员会主任。在此期间，他经常深入学校调研。“我从来都是个人亲自考察。”怀特海说。正因为出于亲自的观察与思考，他的教育演讲很少引经据典。他所讲的都依据他的所见所闻，都是他的思考与主张。怀特海曾说，民主的价值，就在于对内在固有的人性的敬畏。他做到了思考与行动的高度统一。

献身于人类的进步事业是怀特海一生的追求。按照当时伦敦大学的规定，他 63 岁那年正式荣退。其时，他的许多学术著作早已出版，成就卓著，誉满学界。他完全可以赋闲在家，颐养天年，但是他做了另一种选择。当时哈佛大学拟在世界范围内招聘著名思想家。入选的有美国哲学家杜威，法国哲学家柏格森，英国哲学家罗素，还有一位，就是怀特海。怀特海愉快地接受了邀请。在哈佛大学期间，他摆脱了以往的各种行政工作，潜心研究，系统整理他的学术思考，度过了他一生最辉煌的时期。他的许多更为重要、更有影响的著作，如《科学与近代世界》《过程与实在》等，都于这个时期问世。

四

如果这篇序言就此结束，会有一些遗憾。若要更全面而深入地了解怀特海的教育思想，需要换个角度看问题：作为思想大师的怀特海，他从人类文明整体、人类文明进程的视角看问题，会给后世的教育事业留下哪些启示？

怀特海思想是怀特海留给人类的一笔丰厚的遗产。他的许多思想都有待挖掘、研究、传承、实践。这里仅从几个侧面，谈谈怀特海哲学、社会学思想对教育的启示。

第一，在征服与说服之间。 怀特海属于那种有资格对人类文明的整体进程给予判断与评价的思想大家。他认为，自以牛顿为代表的现代科学诞生以来，“完全把注意力导向了生存竞争这一面。于是就产生了特别严重的灾难”①。对竞争的研究与关注，应该仅仅是人类文明在特定时期的特定现象。从文明发展进程看，从征服到说服，才是事物发展的规律。

在社会领域，“无论是人际交往，或社会群体之间的交往，都要在征服与说服之间做一选择”②。奴隶制、战争、专制政府的强制等，是基于征服观念的各种社会现象。而现代商业活动，怀特海认为，是基于说服方式而走向合作共赢的范例。商业的意义在于，在人们的不同诉求、不同利益背后，存在着更基础、更上位的相同需求。人们可以通过交流、协商、合作、协调，找到互需、互补、互利、共赢的发展机制。市场经济、民主政治等现代文明形态都在践行着这一发展理念。这是社会领域中的生态文明。

在自然领域，怀特海发现和关注的，是有别于生物竞争、适者生存的另一种自然规律：“每一种机体都需要有一个友谊合作的环境。”③ “能改变环境进行互助的机体就是成功的机体。这一法则曾以极大的规模在自然界中体现出来。”④ “巴西森

---

①③④ 怀特海．科学与近代世界［M］．何钦，译．北京：商务印书馆，2017.

② 怀特海．观念的冒险［M］．周邦宪，译．北京：人民出版社，2011.

林中的树木就依靠着各种不同物种的联合。这些物种是彼此互相依赖的。一棵树单独生存就要受到变幻无常的环境不利时机的影响。”① 这种观念在今天看来似乎已经成为常识。难能可贵的是，在近一百年以前，作为一种生态哲学思想，怀特海就已经给予了系统、深刻的阐述。

这种思想对教育的启迪作用是显而易见的。教育是征服还是说服？当教育工作者持居高临下的强势态度时，当教育工作者意在改造学生时，教育就是在提要求、给任务，教育过程就是硬性的命令与服从，随之而来的必然是强势要求，死记硬背，机械训练。这样，学生顺从有余，创新乏力。而当说服成为教育的基本立场时，教师与学生处于平等、友善、合作的关系中。这种关系有利于人与人之间的情感沟通，思想交流，有利于人的能量的释放，创新火花的碰撞。正如怀特海所说：“只要合理说服的领域扩大了，便会产生这样一种环境：在这个环境中更高级的脑力活动以及更微妙的感情便会为人所用，为人所喜。”②

第二，在分析与直觉之间。怀特海指出，分析的方法，是现代科学为人类文明做出的最重要贡献之一。由于从牛顿时代开始的巨大的科学成就，人们认识事物的方法无不受科学思维的影响，其中包括分析思维。但是必须承认，分析思维是有局限性的。怀特海思想的一个重要追求，就是唤起人们对分析思维的警觉和对直觉思维的关注。他说：“我个人对我们传统教育方法的批评是：过于偏重知识的分析和求得公式化的材料。”③他说：“我们的经验的东西比我们能够分析的东西要多。”④他说：“任何抽象角落都是不足以包括人生的。”⑤他说：“牛顿-休谟的解释忽视了我们的直觉的理解方式。”⑥

怀特海哲学有“过程哲学”“有机哲学”之称，过程或有机，从思维的层面看，都有直觉的特点。直觉思维强调的是事物的发生、发展等变化过程，是构成事物的结构和关系的平衡、失衡等态势，是此事物与他事物之间的关联、互补、影响等状态。直觉更关注对对象的整体把握、感悟、评价、判断。可以通过以下比较看出直觉思维的特点：分析思维要求距离事物近些，再近些；而直觉思维则要求距离事物

①③⑤ 怀特海. 科学与近代世界［M］. 何钦，译. 北京：商务印书馆，2017.
② 怀特海. 观念的冒险［M］. 周邦宪，译. 北京：人民出版社，2011.
④⑥ 怀特海. 思维方式［M］. 刘放桐，译. 北京：商务印书馆，2017.

远些，再远些。分析思维要求在思考过程中去除情感因素，保持价值中立；直觉思维则把情感、价值等主观态度作为影响事态的重要因素去关注与思考。分析思维不允许任何的模糊性，要求认知过程和认知结果都呈量化特点；直觉思维则承认感觉、感悟、感想的认知价值。

这些哲学讨论对教育的意义是什么呢?

任何时候都不能否认分析思维培养在教育中的作用，尤其是对于缺乏科学文化传统、科学教育传统的我国教育而言，更是如此。分析习惯、分析能力是教育中所讲的思维方式、探究方式的重要构成部分。那么，从怀特海思想的角度看，教育在这个层面上所存在的问题是什么呢?

教育所犯的错误之一，在于更重视将教师的分析结果传授给学生，而不是培养学生的分析能力。须知，培养学生的分析能力是一回事，直接告知分析的结果是另一回事。如果对分析方法做了片面的理解，那么，学生最后获得的，仅是他人分析的结果，而不是自己掌握了分析方法。这是形成教育的碎片化教、碎片化学现象的深层原因。

教育所犯的错误之二，在于为了认知结果的准确性、严密性而排斥了认知过程的试探性、多样性、可能性、模糊性。同理，教育的结果是一回事，教育的过程是另一回事。过程性质决定了结果性质，绝对不能因教育结果的亮丽而掩盖了教育过程的错误。分析的方法有不可替代的功能，如它的抽象、条理、精准等。但是，在认知过程中，直觉也有不可替代的存在价值。越是新颖的、创造性的认知活动，越离不开直觉。某种意义上讲，任何一种思维活动都是从直觉开始的。没有思考起始的试探性、多样性、可能性、模糊性，就不可能有思考过程的进行和思考结果的获得。当然，那种为应付标准化考试而进行的传授式教学可能是例外。当教育还秉持教育的本质时，当教育还没有蜕变为训练时，人们的选择是可想而知的。

教育所犯的错误之三，在于过度重视具体的思维能力与探究能力，忽略了思维、探究赖以存在的做事素养。重视思维与探究能力的培养，是教育的一大进步，但是如果止于这些能力培养，就还没有触碰到问题的关键。没有做事的需求，就无从谈思维与探究。做事素养首先体现在对需做事情的关注、意识与敏感上，其次才是如何做事。如果想培养学生的活力与生机，想让学生富有热情、追求和使命意识，想让学生有自己的思路与想法、首创精神，那么，最好的办法就是引导学生去做事，做真实的事，真实地做事。在这种做事状态下，学生需要思维，需要探究，也学会了如何思维，如何探究。思维与探究说到底是工具，它们服务于人的做事需要。

第三，在认知与审美之间。 人类文明的最高追求是什么？人生的终极目标是什么？怀特海的回答是：审美。人对对象持有审美的态度，能从事物的状态、过程中感受到美的存在，能在审美过程中体验到人生的极致意义。艺术生活中有审美，但审美绝对不能等同于艺术。审美体验可以存在于生活的各个方面。“艺术是一种特殊例子。我们所需要的是培养出一种审美观念的习惯。”① 显然，培养审美的习惯是教育的重要任务之一。这一思想出现在怀特海不同时期的著述中，包括《教育的目的》。

审美的本质是对事物价值的直接感悟。怀特海说：“最需要的普遍概念是认识各种价值，这就是审美方面的一种发展。”② “你理解了太阳、大气层和地球运转的一切问题，你仍然可能遗漏了太阳落下时的光辉。”③ “我们需要的是具体事实，并且需要把它有价值的地方显示出来。”④ “艺术的习惯就是享受现实价值的习惯。”⑤

在谈到教育问题时，怀特海指出，“我们没有注意培养一种习惯，对于发生态价值充分发生交互影响的个别事实做具体的认识”⑥。这里提出一个极其重要的问题：认知过程的审美活动。认知活动可以同时含有审美活动吗？已经让学生理解的知识同时还能让学生喜爱吗？认知永远只能是一种手段或工具，还是说，认知自成目的，认知的价值就在认知过程中。用哲学的语言讲，真就是美。

人的心智活动永远呈综合性态势。审美需求就像一把本能的尺子，在随时随地地、自觉不自觉地度量着任何进入认知的对象，甚至包括认知自身。凡是面对美的事物，心智会本能地给出审美反应。当然，这仅是一般的规律。在教育过程中，教师可以把认知活动作为唯一的、排他的活动，拒审美需求与审美活动于认知过程以外。这种情况下，学生的认知活动是强制的、被动的、索然无味的。不论活动量有多大，对学生而言，这样的活动都是一种过重的负担。

教师还可能有另一种选择，那就是融认知活动与审美活动为一体。学生既在分

---

①②③④⑤⑥ 怀特海. 科学与近代世界［M］. 何钦，译. 北京：商务印书馆，2017.

析，也在感悟；既在梳理对象的关系，也在感受对象的丰满；既在理解对象是什么，也在想象对象能怎样；既立足于此时的认知收获，又憧憬着知识能够创造的未来；既承受着认知的严密，又享受着审美的自由。这种情况下，学习是主动的，趣味盎然的，即使要经历学科专业的严格训练，也是痛并快乐着。怀特海喜欢用“领悟”一词表达这种心智活动。当领悟伴随着认知活动时，学习就是一种享受：“生命蕴含着由这个纳入过程产生的绝对的、个体的自我享受。”① “纳入”就是认知与审美的交融，就是领悟。

审美之所以如此重要，不仅仅是因为它能产生审美享受，更为本质的原因在于，审美激活了人的生命活力，审美带来无穷无尽的创造力。审美出现的地方，意味着对个性的张扬。当细节、局部、个体的存在价值得以最充分的显露、表现时，美的魅力便彰显无遗。怀特海以一组雕塑作品为例来说明，“各自作为部分构成了整体，同时又展示了作为单个雕塑的个体价值”②。可以看出审美观念在教育理论与教育实践中的深远意义。如何让学习过程变为享受过程，如何充分尊重和培养学生的个性，如何把学生的创新能力培养落在实处，等等，从最广义的审美教育入手来解决问题，是怀特海所提供的解决方案。

张卓玉

① 怀特海．思维方式［M］．刘放桐，译．北京：商务印书馆，2017.

② 怀特海．观念的冒险［M］．周邦宪，译．北京：人民出版社，2011.

英文版序言

这是一本专门用来讨论提升智力发展水平的书。我在本书的写作中一直贯穿着一个核心主旨，并从多个维度反复论述：学生是鲜活的生命体，教育的目的是为了激发和促进他们的自我成长与自我学习。基于这个逻辑前提，我们也可以得出这样一个结论：教师必须是学生成长的启蒙者、点灯人。因此，本书通篇反对生搬硬套的死记硬背和毫无温情与敬意的灌输的观点与立场。书中所选文章大部分是我在一些教育机构和学术团体的演讲，它们都是我对教育现状的实践与反思，并基于此有针对性地提出了一些批判性的意见。

本书中所谈到的教育现象以英国教育制度为底本，这些教育现象放在英国和美国肯定有所不同，但道理是相通的。

怀特海

1929 年 1 月于哈佛大学

目 录

第一章 教育的目的

（1916 年怀特海出任英国数学家协会会长的就职演讲）

一个人的文化修养体现在他是否睿智、有审美能力和道德情操上，与他掌握多少零散、艰深的知识毫无关系。移动书柜式的人物不过是这世界上最无用的人。[①] 我们应该旨在培养既有文化修养又在某个领域具有专业知识的复合型人才。专业知识将奠定他们个人发展的基础，而文化修养将引导他们如哲学般深邃、艺术般高雅。我们必须谨记：最有价值的自我发展是智力发展，这种发展大多发生在 16 到 30 岁之间。对这种自我发展的训导，最重要的部分是由母亲在孩子 12 岁之前给予的。大主教坦普尔[②]说过的一句话可以证明我的观点，在解释为什么在拉格比公学[③]念书时表现平平的一个普通男孩，长大后成绩斐然的案例时，他说："人们在 18 岁时的表现并不重要，重要的是在此之后的个人发展。"

在训练孩子的思维活动时，我们必须提防我所说的"僵化思维"（inert

① 美国著名思想家爱默生有句名言："我平生最憎恶的有两种人，一种是没有信仰的博学多才，另一种是只有信仰的愚昧无知。"

② 坦普尔（Archbishop Temple，1821—1902），英国坎特伯雷大主教，自由主义思想家、社会改革家、教育改革家，曾任牛津大学讲师和拉格比公学校长。著有《宗教与科学的关系》。

③ 拉格比公学（Rugby School），位于英国沃里克郡的拉格比市，创立于 1567 年，是英国顶尖的贵族私立学校之一，培养了大批精英人士。

ideas）——那些仅仅被灌输到头脑中而没有被利用、验证或与其他新事物产生有机融合的观点。

在教育史上有个非常有意思的现象，有的学校在某个时期人才辈出、充满活力，而其后继者却趋于迂腐，墨守成规。其原因就在于他们的大脑已经被这种僵化思维深深地捆绑和束缚起来。这种拘泥于僵化思维的教育不仅无用，反而有害。古谚有云，“最恶者乃由最善者堕落而来”①。虽然教育史上偶尔会出现短暂的思想活跃、富有创新精神的时期，但大部分时期都万马齐喑。这就能解释为什么有些聪明、睿智、经验丰富的中年女性没有接受正规教育反而成了社会中最具智慧的群体，因为她们逃过了僵化思维的荼毒。历史上每一次促进人类进步的知识革命，都是对僵化思维的批判和斗争。然而可悲的是由于人类的无知与愚昧，革命之后又继续延用旧的教育制度，重新用固有的僵化思维去蒙蔽人们。

现在让我们谈谈如何避免在教育体制中出现思维僵化和观念陈腐的问题，我们要特别注意两条戒律：（一）不要教授太多学科；（二）不教则已，要教就教得透彻。

学科过多且授之皮毛，这样只会让孩子们被动接受一些脱节的知识，不能激发任何思想的活力。因此，教授的知识要少而精，尽可能将知识贯通起来形成一个统一体，让学生内化这些知识并在生活中加以运用。这样孩子在

---

① “最恶者乃由最善者堕落而来”，此处怀特海引用的是拉丁文“Corruptio optimi, pessima”，也可直译为“最坏的事物是最好的事物败坏的结果”。作者用这个谚语来辨析教育中的“善”与“恶”，即促进人们思想发展的教育是善的，而束缚人们思想发展的教育是恶的。

受教育之初，就能够体验到发现的乐趣，虽然这种发现是基础的、笼统的，但是它能够帮助学生理解生命中出现的大事小事，理解什么是生活。这里所说的“理解”，不仅仅是逻辑上的分析，而是那句法国格言“理解一切即宽恕一切”① 层面上的“理解”。迂腐的学究们也许会嘲笑这种实用性的教育，但是如果教育无用，那它为什么存在呢？当然，无论你生活的目标是什么，教育都应该是有用的。它对圣·奥古斯丁②有用，对拿破仑③有用，对你我也同样有用。好的教育能让人更好地理解这个世界，所以教育即生活。

这种理解不应局限在教育的精神文化层面，也不体现在所开设的古典的或者现代的教育课程孰优孰劣之中，我只想说，我们想要的“理解”，着眼于当下，着眼于现在。过去的知识的唯一用处，就是赋予我们解决当下问题的能力。对年轻人来说，没有什么比忽视脚下土地正在发生的问题所造成的智力伤害更大的了。现在涵盖了一切。现在是神圣的，因为它既联系着过去，又面向未来。同时我们需要明白，一个存在于两百年前的时代，就和它存在于两千年前是一样的，都是过去，不要被形式上的纪年日期所欺骗。就像莎

---

① “理解一切即宽恕一切”，原文是“Tout comprendre c’est tout pardonner”，这里的理解和宽容带着西方宗教的意味，运用上帝赋予的智慧和能力，完成上帝所给予的使命，服务于万民。作者的意思是教育的目的是体验、发现和运用，而不是和生活脱节的纯粹书本知识。

② 圣·奥古斯丁（St. Augustine，354—430），古罗马帝国时期基督教思想家，欧洲中世纪基督教神学、教父哲学的重要代表人物。

③ 拿破仑（Napoléon Bonaparte，1769—1821），军事家、政治家和数学家，法兰西第一共和国执政、法兰西第一帝国皇帝。

士比亚[①]、莫里哀[②]的时代和索福克勒斯[③]、维吉尔[④]的时代一样，都已成为过去。与先贤圣者的交流是一个伟大而鼓舞人心的集会，但是集会的殿堂只能有一个，那就是现在，至于先贤们谁先到谁后到并没有多大区别。

当我们考察科学和逻辑方面的教育时，前面说过不加以利用的知识是有害的。所谓知识的利用，是指知识要和生活实际相结合，和我们的感觉、情感、希望、欲望以及能调节思想的精神活动联系起来，毕竟这些构成了我们的生活。设想一下，如果只是被动记忆一些知识碎片来构建和巩固精神世界，那肯定不能形成真正的人，或许只有一些报纸的编辑才需要这么做。[⑤]

在科学领域，当接触到一个概念，首先要做的就是证明它，我所说的“证明”就是要证明它的价值。命题是概念的具体体现和表述，只有当体现某个概念的命题是正确的时候，这个概念才是有价值的。因此，通过实验或者逻辑分析来证明命题的真实性是检验一个概念是否有价值的关键。但这种对

---

① 莎士比亚（William Shakespeare，1564—1616），英国剧作家、诗人，文艺复兴时期最有代表性的作家之一。他的代表作有《哈姆雷特》《奥赛罗》《仲夏夜之梦》《威尼斯商人》《罗密欧与朱丽叶》等。

② 莫里哀（Molière，1622—1673），法国剧作家、戏剧活动家，法国芭蕾舞喜剧的创始人。他是世界戏剧史上与莎士比亚共同彪炳史册的伟大戏剧家。主要作品有《无病呻吟》《伪君子》《吝啬鬼》《唐璜》等。

③ 索福克勒斯（Sophoclēs，约前 496—前 406），古希腊三大悲剧家之一。代表作有《俄狄浦斯王》等。

④ 维吉尔（Vergilius，前 70—前 19），古罗马诗人，在西方思想和艺术领域的影响堪与荷马比肩。作品对欧洲文艺复兴和古典主义时期的文学影响较大。

⑤ 怀特海批判机械地学习，但编辑的工作是例外，需要肯定和承认，这是由编辑的工作特点所决定的。这里也是怀特海演讲中的一个玩笑，因为报纸上的新闻经常互不相干、零碎。

命题的证明，并不是引入概念的第一步，第一步应该是受人尊敬的老师所给予的权威解读。当我们刚接触一系列命题时，首先会评价其重要性，这是人之常情。我们并不会严苛地证明或批判某一事物，除非它很重要，值得我们去那样做。证明和评价这两个过程几乎可以同时进行，不用严格区分先后顺序。如果一定要有一个优先的话，那就应该是使用过程中的评价。

此外，我们不应该孤立地应用某一命题。不能为了证明命题一而进行一系列实验一，再为证明命题二进行一系列实验二，依次类推，直至一本书结束，这无疑是最无聊的操作了。相反，我们应该把相互关联的命题从总体上加以运用，把它们结合起来，不受出现顺序和使用次数的限制。进行理论研究，首先要选择一些重要的、有可操作性的主题，然后进行系统的深入研究和理论阐述。作为成果展示，理论阐述要精炼，尽可能精确和严谨，篇幅也不宜过长，过长会妨碍深度理解和准确判断。囫囵吞枣地吞下很多一知半解的知识是可悲的，要加以理解和运用。理论和实践不能混为一谈，对于什么时候证明理论，什么时候运用理论，学生们应该了如指掌。我的观点是：经过证明的理论都应该被应用，同样只要条件允许，被应用的理论也都应该被证明。不过证明和应用不是一回事，不能混淆。

讲到这里，我可以用一个题外话来进一步论证我的观点。我们现在已经认识到，教育事业既是一门艺术也是一门科学，既需要教育从业者具备一定的天赋，也需要后天的研究与领悟。这个道理上一代人已经认识到了，比如有些中小学校长没有深入研究和调查，就要求学校的老师学习打保龄球或者培养对足球的喜爱，肤浅地以为这就是文化素养。然而，文化素养不只是打保龄球，不只是踢足球，更不是以所掌握知识的多少来判断。

教育是教人们学会运用知识的艺术，当然很难掌握。但凡当一本真正具有教育价值的教科书问世时，总有评论家说它难以讲授。它当然难教了，如果好教的话，早就应该被焚毁了，因为没有被教授的价值。不仅在教育领域，在别的领域也一样，新事物的发展注定是一条荆棘之路，充满困难和艰险，而如果走了一条过分平坦而舒适的路，那么必将走向万劫不复的深渊。在学校里，这条万劫不复之路就体现在老师利用教材或讲义让学生们死记硬背，记住下一次校外机构考试①中可能出现的所有题目。我顺便说一下，学生在考试中要求作答的题目必须是由该学科老师亲自设计或修改的，否则这种教育制度就是失败的。校外机构的工作人员可以对课程或是学生的成绩进行评估鉴定，却不能向孩子们提问一个校内任课教师都没有教过的题目，这个题目最起码是学生曾在校内和老师同学讨论过、接触过的。当然也会有少数的例外，只要不违反原则，也可以接受。

现在让我们回到之前提出的观点：学生在课程学习中学到的理论知识必须有重要的应用价值。现实很难做到这点，因为它涉及的问题是教育的核心问题，就是让知识充满活力，防止知识僵化。

最理想的教育状态包含以下不可或缺的因素：教师的才能、学生的智力类型和人生理想，学校周边环境所能提供的机会，以及诸如此类的其他因素的综合影响。这就是统一的校外考试有害的原因，我们指责它，并非因为我们标新立异或是吹毛求疵，那就太幼稚了。我们不喜欢校外考试的原因是非常具体且现实的，虽然这些考试对于防止学生懒散的学习态度有一定作用，

---

① 校外机构考试，原文为“external examination”，是英国的一项考试制度，由校外机构提出评价标准，拟定评价方案，最后由学校组织测试。

但是它抹杀了文化教育中的精髓。当你根据经验来分析教育的核心任务时就会发现，要成功完成这一任务须依赖许多刚才我提到的不同因素的精细配置。因为教育面对的是鲜活的生命体，而不是没有灵魂的物质。因此，如何激发学生的好奇心，提升学生的判断力，提高学生适应复杂环境的能力以及运用所学知识对重要事件做出预判，这些能力都不是能通过一系列的考试获取的。

在此，我提醒诸位做“教以致用”的教师。[①] 在一个纪律良好的班级里，更容易向学生灌输一些无活力的知识，老师照本宣科，学生死记硬背，这种方法到目前为止仍在被广泛使用。用这种方法，学生学会了如何去解二次方程，但是仔细想想，这样做的意义何在？对于这个问题，人们通常会这样回答：人的大脑就像一件工具，“工欲善其事，必先利其器”，首先要将它打磨得锐利，才能更好地使用。让学生习得解二次方程能力的过程就是磨砺大脑的过程。这种说法广为流传，说明其有一定道理，但是它存在一个根本性错误——可能会扼杀现实世界中的天才。我不知道是谁最先把人的大脑比作一个工具，或许是古希腊的七位先贤[②]之一，或许是他们全体。不论最初是谁提出这一说法，都获得了社会名流的一致认可，从而具有了不容置疑的权威性。但是不管它有多大的权威性，有多广的认可度，我都会毫不犹豫地抨击这个说法，因为它是迄今为止引入教育理论中最致命、最危险、最错误的观点之一。人的大脑从来都不是消极被动的，它对外界的刺激反应是及时、敏锐而精细的。学生的大脑可不是老师打磨之后才有了生命。在知识的传授中，不

① 怀特海特别注意知识传授的鲜活性、实用性，所以学以致用，教也得致用。这是他知识观的核心。原文为：“I appeal to you, as practical teachers.”

② 希腊七贤指政治家梭伦、哲学家泰勒斯等七位著名人物。

管你讲授的知识拥有何种乐趣，你都必须马上激发这种乐趣；不管你想训练学生怎样的能力，你都必须当场让学生练习这种能力；不管你想赋予学生什么样的精神生活，你都必须当时予以展示这种前景。① 这就是教育的金科玉律，也是一条很难遵循的定律。

无法遵循这个定律的困难在于要让学生准确掌握概念的定义与内涵，拥有理智的思维头脑，领悟到思考带来的精神愉悦都是只可意会不可言传的，无论我们使用多么精准的词汇来传播这些知识都无法成功。有多年教学经验的老师们都知道教育是一个需要在细节把握上极具耐心的过程，每一分钟、每一小时、每一天都不能松懈。教育没有捷径，也没有高度凝练、一劳永逸的普遍真理。有句谚语说得好，“见树不见林”，② 这正是我所一直强调的难点③，教育的难题就在于要使学生透过树木认识森林。

我极力倡导的解决方案就是要消除学科之间的孤立状态，这种孤立扼杀了当代课程的活力。丰富多彩的生活对于教育而言，是永远唯一的主题。然而在实际教育中，我们已经偏离了这个独一无二的主题。我们教给学生代数、几何、科学、历史这些单一独立的科目，却没有深入；教给学生一两门语言，却只学了皮毛而不精通；最让人失望的是文学，教给学生莎士比亚的一两部

---

① 原文为：“Whatever interest attaches to your subject matter must be evoked here and now; whatever powers you are strengthening in the pupil, must be exercised here and now; whatever possibilities of mental life your teaching should impart, must be exhibited here and now.”

② 原文为：“There is a proverb about the difficulty of seeing the wood because of the trees.”

③ 怀特海认为教育既是体力活也是良心活，老师有了合格的头脑，才能深入浅出地引导学生学。

戏剧，只是剖析剧情，分析人物特点，然后就让学生死记硬背。这样的教学活动能代表我们丰富多彩的生活吗？充其量这只不过是造物主在创世时灵光乍现的作品，而他自己都没决定或者不知道该怎么将这些东西融合在一起。

让我们再回到二次方程教学这个问题。只有把二次方程纳入到一个有机联系的课程体系当中，才能体现它的必要性和存在的价值，然后再教给学生二次方程的解法。另外，数学确实在文化领域中应用广泛，但是我怀疑对于不同类型的学生而言，是否掌握二次方程的代数解法对于他们了解数学专业来说并不重要。在这里，我没有对心理学或学科专业性的内容做任何评论，虽然它们是理想教育不可或缺的部分。如果那样做，就是对我们提出的实际问题的一种逃避，我在这里提及只是为了避免我的观点被误解。

二次方程是代数的一部分，而代数是人们创造出来的清晰量化这个世界的数量关系的一种工具。这个世界到处充斥着数量关系，可以说世界是能够被数字精确度量的，用数字来说明问题，更准确，更科学，更具体。比如说一个国家很大是很空洞的——到底有多大？说镭元素很稀缺——到底有多稀缺？从数量上说明事物的特征，更具说服力。有人说诗歌和音乐总用不到数量了吧，那就大错特错了，在节奏和音阶中很容易发现数量的身影。蔑视数量理论的学者是不成熟的，与其去指责他们，不如说应当同情他们，因为他们小时候学到的所谓代数知识零碎片面且肤浅，存在着很大的问题，这才是我们应当蔑视的内容。

无论是表面上还是实际上，学校中的代数都已经退化成了无意义的知识碎片，这很可悲。这个例子告诫我们：如果连我们自己都不清楚要在孩子活跃的头脑里施加的教育的性质，也就是通过教育赋予孩子何种特质，那么任何教育改革都是徒劳的。几年前，有人呼吁要改革学校的代数课程，大家一致认为图表可以解决所有问题，于是除图表以外的其他教学方式被逐出课堂。在我看来，这样的代数课程已经没有任何代数的教育思想，除了图表还是图表，以至于现在的代数考试中总会包括一两道图表题。我个人也比较推崇图表这种教育方式，但是我质疑它是否达到了预期的目标。如果不能展示出教育和学生的智力发展、情感认知之间的紧密联系，那么就无法把生活融入到平常的教学计划当中。这个道理比较难懂，但却是事实。只做一些形式上的改变是不够的，最终还是会错失对事物本质的理解。[①] 就好比我们和一个经验丰富的对手搏击，自我感觉战术使用恰当，但他总能找到我们的软肋，一击得手。

教育改革应该从另一端开始。首先，把一些足够简单的数量关系纳入普通教育体系当中；然后草拟一份代数的课程计划，要保证在现实生活中能找到其应用例证。我们不用担心所深爱的图表会被摒弃，只要代数存在，图表就有用武之地。我们可以发现，在社会研究中常用一些简单的图表来描述其中的数量关系。相比干巴巴的名字和日期的目录，描述历史的曲线图显然更加生动直观。可是我们不禁会问，学习那些鲜为人知的国王和王后的名字到底有什么用呢？汤姆、迪克或者哈利，他们早已不在人世了，没必要急于给他们招魂。影响社会变动的各种因素的变化是可以通过数量图表简明表达的，同时代数中的一些知识也被当成纯粹的抽象科学进行研究，例如变量、函数、

① 怀特海批评了换汤不换药的教育改革都是因为没有触及教育的本质问题，结果都将归于失败。原文为："In making these little formal alterations you are beaten by the very nature of things."

变化率、方程式及其解法、消元法[①]等。当然，这些研究不是用我这里所提到的这些听起来就很高深的专业术语，而是用适合于教学的简单的特殊例子来反复说明。

如果照此分析，那么从乔叟[②]到黑死病[③]，从黑死病再到现代劳工问题，这样就把中世纪朝圣者的故事和抽象的代数联系起来了，两者都从诸多不同的方面反映了一个独一无二的主题——生活。我勾勒出来的思路并非是大多数人愿意选择的那种，甚至你们也不清楚是怎么一回事，我很理解，我也不能说自己就能做到这一点，但是你们的反对恰恰说明了统一的校外考试制度对教育是有害的。知识应用的过程能否成功，必须依靠学生的禀赋和老师的才能。当然，我有意地忽略了我们大多数人都比较熟悉的最简单的应用。我指的是那些涉及量的科学，如力学和物理学。

相同地，我们可以根据时间顺序标示出有关社会现象的统计数据之间的联系。紧接着，去除相联系的各种社会现象的时间顺序，我们就可以研究一下这在多大程度上展示了真实事件之间的因果关系，又在多大程度上表明这只是时间上的巧合而已。如果我们发现在适当选择的主题下，根据时间顺序我们可以为一个国家罗列出一组统计数据，也可以为另外一个国家罗列出另

① 消元法，是指将许多关系式中的若干个元素通过有限次地变换，消去其中的某些元素，从而使问题获得解决的一种解题方法。

② 乔叟（Geoffrey Chaucer，约 1343—1400），英国诗人，英国人文主义作家的最早代表。代表作《坎特伯雷故事集》生动描绘了 14 世纪英国的社会生活，刻画各阶层的人物形象，体现了人文主义思想。

③ 黑死病（the Black Death），一般指鼠疫，历史上，鼠疫是导致高死亡率的大流行病，14 世纪时被称为“黑死病”，曾在欧洲造成约上千万人死亡。

一组统计数据，那么我们根据这些数据所绘制的图表肯定只是某种巧合罢了。其他一些图表呈现出的则是明显的因果关系。我们想知道如何辨别这两类图表并从中让学生体会到探究的乐趣。

对于这样的代数知识运用，我必须恳请大家记住我上面一直坚持的看法。首先，某一种思维方式的训练并不适合所有特质的孩子。比如说那些喜欢做手工的孩子往往更想得到一些具体的东西，他们的思维比我们想象的还要敏捷。也许我的想法有误，但是我应该考虑到这种情况。其次，我并不觉得一次演讲就能一劳永逸地激励出一个完美的班级，这不是教育的作用方式。一直以来，学生们都是在不断解题、画图表、做实验，直到他们完全地掌握了某个学科课程的内容。我只想说，要引导学生们的思维，在教育中就要让他们感受到真正地用脑子在学习某些东西，而不仅仅是智力上的炫耀，像小步舞曲①一样流于形式。

最后，如果你的教学目标就是让学生通过某项考试，那么如何合理教学的问题就会变得极为复杂。大家注意过诺曼底式拱门上的那些锯齿形的花纹没有？古代的建筑是多么的美轮美奂，相比之下，现代的作品就显得有些丑陋粗鄙。原因就在于现代建筑是根据精确的尺寸堆砌出来的，而古代建筑是工匠个人风格和技巧的展示——这里可以紧凑点，那里应当舒展点。现在，要让学生通过考试，本质上就要在教学中给所有科目安排同等的精力与时间。可人是有差异的，就一门学科而言，有的人可以做到融会贯通，有的人则只会照搬教条。当然，对于一个为了培养全体公民的文化修养而设计的统一的

---

① 小步舞曲（Minuet）是一种起源于西欧民间的三拍子舞曲，流行于法国宫廷中，因其舞蹈的步子较小而得名。这里比喻那些流于形式的华而不实的教育。

课程体系而言，同时又允许特殊的、个别的差异性教学活动的存在看似有些矛盾，但是世界本身就是矛盾的，没有矛盾的世界固然是简单的，但也可能会变得相当无趣。我敢肯定，如果在教育中排除差异化的学习就等同于毁灭生活本身。

现在再来看看一般数学教育中的另一个重要分支——几何学，上述原则同样适用于此。理论部分必须严谨准确、简单明了。如果一个几何命题不能体现知识点之间的关联，那么它就应该被摒弃，但是重要的基本概念要保留下来，比如“相似性”和“比例”。正是因为图形的形象化，几何可以训练学生的推理思维能力，正是因为要教学生几何制图，还可以有效地锻炼他们手眼协调的能力。

和代数一样，几何学和几何绘图都不能局限于几何知识本身的范畴。在实践中，几何学可以应用在工业制造，也可以应用在车间中、机器上。这方面，伦敦技工学校已经取得了显著的成功。对于中等学校来说，我建议在教学中采用测量和绘图的方法，绘制平面图可以使学生对几何原理的应用更形象、更直观。简单的绘图工具，比如测绘员常用的测链或罗盘，就能帮助学生从勘测和丈量一块地开始，进而绘制出一个街区的地图。最出色的教育莫过于用最简单的工具获得最大限度的知识。因此，我们强烈反对为学生提供精密的仪器。通过简单的工具，让学生绘制一张区域图，并且掌握这个地区的交通、地形、地质、气候、与其他地区的联系以及居民的状况等情况，无形中就能让学生学到丰富的历史和地理知识，远比书本上直接灌输的有关珀金·沃贝克或白令海峡[①]的知识更加鲜活，印象也更深刻。举这个例子只是想说明一个道理，那就是在教育中我们可以利用准确的理论知识来认识客观世界。因此，理想的数学教学应该遵循这样的程序：测量一个地方—按比例绘制地图—了解这个地方的特点，计算出它的面积。这不失为一种很好的教学方式，提出必要的命题却没有进行证明，但是在进行测量活动的时候学生自然而然地学会了证明它。

幸运的是，专业教育所呈现的问题要比通识文化教育更易解决一些，原因有很多方面。其一，二者需要遵守的程序原则很多都是相同的；其二，专业教育发生或者应该发生在学生学习的较高阶段，那时学生会更容易理解手中的学习材料。[②] 最后也是最重要的一个原因就是专业教育是基于学生的兴趣爱好产生的。一个人自发学习某个专业领域的知识，是因为兴趣使然，他想了解更多，因而去学习探究。可以说专业教育是运用思维的活动，而通识文化教育是养成思维的活动，二者是有本质区别的。当然，我们不会过多强调二者的对立。正如我们看到的那样，在通识文化课程学习中，学生会对专业化的问题产生浓厚的兴趣；在专业化的学习中，学科之间的外在联系也会引导学生的思维向外发散。

再者，在教育中不可能开设一门课仅仅传授通识文化知识，再开设另一门课仅仅去教授专业知识。一方面，通识文化教育中开设的一些专门课程旨

① 珀金·沃贝克是英国历史上曾冒充王室成员爱德华四世的次子争夺王位的人，白令海峡是亚洲和美洲的分界线。怀特海引出这两个冷僻的知识点是用来说明知识和生活联系在一起，更易让学生理解、掌握，教学效果也会更好。

② 原文为："Another reason is that specialist training takes place—or should take place—at a more advanced stage of the pupil's course, and thus there is easier material to work upon."

在唤起学生对专业化课题进行专业化学习的渴望；另一方面，培养一种专门的兴趣爱好不失为一种促进脑力活动的方法。学习本来就是浑然一体、不可分割的。教育就是让学生深刻体会到思维的力量、思维的魅力、思维的逻辑结构，让学生掌握特定的专业知识并运用到生活当中，和生活产生特定的关系。

对逻辑的领会是有文化教养的人通过专门学习才能得到的。这种能力不仅可以使学生拥有全局意识，触类旁通，举一反三，还可以发现一组概念与另一组概念之间的联系。只有通过专门的学习，人们才会懂得欣赏如何准确地阐述一般原理，欣赏阐述时概念内在的联系以及对他们在生活中的广泛应用有更深刻的理解。经过这样训练的头脑，在理解抽象思维和分析具体事实方面都得到了培养与提升，不但能够理解抽象的思维，还可以分析客观的事实。可以说是既更为抽象，也更为具体了。

最后，我们应该培养所有精神品质中最难能可贵的一种——风格的鉴赏力——品位。它是一种审美意识，崇尚以简约节制的方式直接达到预定目标。艺术的品位、文学的品位、科学的品位、逻辑的品位、实践的品位，这些在本质上都有着相同的美学特质，即精益求精和适可而止共为一体。[①] 对一门学科的热爱很纯粹，只因为这个学科本身而热爱它，这是对学习中所表现出来的品位的热爱，而不是像在甲板散步时那种昏昏欲睡，颇为放松式的乐趣。

---

① 原文为："Style in art，style in literature，style in science，style in logic，style in practical execution have fundamentally the same aesthetic qualities，namely，attainment and restraint." 译者认为此处的 style 兼有格调、品位、腔调、自我器重、荣誉感等概念的混合用法，故此处品位和风格的鉴赏力通用。下文有时用风格，有时用品位。

两者不可同日而语。[1]

现在我们又回到之前讨论的问题，即教育的实际作用。最美好意义上的品位，就是最终获得有教养的心智，让学生终身受益。品位是最有用的东西，它无处不在。有品位的管理者会讨厌浪费，有品位的工程师会让手中的材料物尽其用，有品位的工匠会精益求精。品位是深植一个人心灵深处的道德律令。[2]

但是，品位之上，知识之上，还有一种类似于凌驾希腊众神之上的冥冥之中又捉摸不定的存在，那就是力量[3]。品位是通过对力量的塑造和约束而形成的。可有助于实现预期目标的力量才是最根本的，首要的事情是要达成目标，所以不要被你的品位本身所困扰，一切从如何解决自己的问题出发。履行自己的职责，做好自己分内和当下应做的事，用实际行动来荣耀上帝。

那品位有什么作用呢？有了品位，你可以专心致志、心无旁骛，不被细枝末节的琐事和犹豫不决的心志所牵绊，最终达成目标。有了品位，你会更严谨认真，能够预测自己行动的效果，对事情有自己的真知灼见。有了品位，你的力量得以提升，意志更为坚强，不会被一些无关痛痒的事情所打扰，更容易实现目标。但只有专家才有品位与风格可言，有谁听过业余画家、业余诗人的品位与风格？品位与风格通常是专业化学习的产物，只有通过专业化学习才能对人类的文化知识做出进一步的贡献。

---

① 原文为："The love of a subject in itself and for itself, where it is not the sleepy pleasure of pacing a mental quarter-deck, is the love of style as manifested in that study."

② 原文为："Style is the ultimate morality of mind."

③ 原文为："That something is Power." 此处 Power 或译为能力。

英国现阶段的教育缺乏一个明确的目的，并且深受外部机构的损害，从而扼杀了教育的活力。本次演讲中，我一直都在思考哪些目的对于教育起着决定性的作用。教育的目的到底是培养专门型人才，还是业余爱好者？对这个问题我们一直犹豫不决。在19世纪，世界发生了深刻的变化，知识的增长赋予了我们预测未来的远见卓识。① 业余爱好者有一定的鉴赏能力，他们能够灵活变通地完成规定的工作，但又缺乏源于专业知识的远见。我这次演讲的目的就是建议如何培养兼具业余爱好者基本优点的专家。英国的中等教育却在应该有弹性的地方僵化，在应该严格的地方又过于松懈。每一所学校为了生存，不得不训练学生进行一场接一场的考试，他们也必须接受由此带来的痛楚。有哪位校长可以根据自己学校的具体情况，根据学校的教职工、所处的环境、生源情况以及经费的充裕程度等因素，果断勇敢地选择并发展适合自己学校的通识教育或者是专业教育呢？几乎没有。② 我认为，所有旨在考查个体学生的校外考试制度都不会成功，只会造成教育资源的浪费。

在教育中，首先需要被考查的应该是学校而不是学生。每所学校都可以根据自己开设的课程来颁发毕业证书，但是每所学校的课程标准都应该经过评估和修正。教育改革的第一要务是把学校打造成一个独立的单位，基于学校自身的需要由老师开发出一系列课程并不断加以完善。如果我们做不到这一点，那么教育就会从一种形式主义走向另一种形式主义，从一种僵化思维陷入另一种僵化思维。

---

① 原文为：“The profound change in the world which the nineteenth century has produced is that the growth of knowledge has given foresight.”

② 怀特海抵制僵硬而普遍的考试制度，他希望学校能自己控制考试。

学校是国家机构中最有效率的教育单位，因此我曾考虑替换校外考试制度让学校教育更为高效。但是就好比斯库拉对面都有卡律布狄斯，① 更通俗地讲，道路两边都有一道壕沟。如果教育管理部门把所有学校严格划分为两三种类型，然后要求每一种类型的学校采用固定且僵化的课程，这样做的后果将是毁灭性的。我所说的学校是一个独立的教育单位，意思是可以根据自己的情况考虑问题。出于某种目的有关的管理部门对学校分门别类是必要的，但不能有过于僵化的课程，也不能有任何未经本校老师审核和完善的课程。适当加以修改，同样的原则也适用于大学和技术学校。

当我们全面而深入地思考教育对年轻一代如何重要的时候，就会因现在人们对待教育问题漫不经心、因循守旧、不思进取的态度感到无比愤怒，因为这会导致生活支离破碎、希望破灭、国家危亡。在现今社会，一个不重视教育的民族必将走向灭亡。无论这个民族曾经出现过多少英雄，多么聪明睿智，如何英勇善战，只要它不注重教育，都不可能改变这一命运。如果我们今天固步自封，忽视教育，那我们注定会被时代的车轮所碾压，没有希望，没有前途。②

从人类文明之初到现在，人们都始终坚守一个传统的教育理念，那就是教育的本质在于其宗教般的虔诚。对此我们深表赞同。

---

① 在古希腊神话中，意大利和西西里岛之间有一个海峡，一面住着吃人的女妖斯库拉，一面住着能化身漩涡的妖怪卡律布狄斯。谚语“处于斯库拉和卡律布狄斯之间”的意思是“左右为难，举步维艰”。

② 原文为：“Today we maintain ourselves. Tomorrow science will have moved forward yet one more step, and there will be no appeal from the judgment which will then be pronounced on the uneducated.”

怎么理解宗教般虔诚的教育呢?

宗教般虔诚的教育教导我们要有责任感和敬畏感。责任感源于我们对事物发展过程的预期和掌控力。当获取知识就能改变现状的时候，坚持无知就是一种深深的罪过。敬畏感源于人们对当下完整存在的感知，现在包含着全部的存在，涵盖着过去和未来，跨越了所有的时间，是永恒的存在。

第二章 教育的节奏

（1922 年怀特海在伦敦师范学校协会上的演讲）

我所说的“教育的节奏”是每一个有教育经验的人都熟知的，并在实践中运用的原理。一想到在座的各位不少都是英国最杰出的教育家，我就不敢奢望今天能讲出什么新意。但是，我坚持认为教育的节奏这一原则尚未经过充分的论证，还没有充分考虑到影响这一原理的所有因素。

首先请允许我简单阐明一下什么是教育的节奏，以便清晰无误地表明这次演讲的要点。所谓教育的节奏，就是指在学生心智发展的不同阶段，为学生开设不同的课程，采用不同的学习方式。你们可能会觉得我说的是众所周知的老生常谈，毋庸置疑。我之所以会选择这个主题，一方面是因为大家对这个问题都有所了解，[①] 另一方面是我认为这么显而易见的问题却在教育实践中并没有得到妥善解决，尤其是没有充分重视学生的心理发展特点。

① 原文为：“because this audience will certainly find it out for itself.”

幼儿时期的任务

首先我要质疑一些理论的合理性，人们经常会根据这些理论来决定课程安排的顺序。我这样说只是想表明，只有把这些理论彻底分析清楚了，能够给出合理解释的时候，它们才能作为正确的理论被广泛接受。我们先来思考一下课程难度的标准问题，并不是相对简单的课程就应该安排在困难的课程之前，这种观点并不正确。相反，有的时候人们需要先学习一些比较难的课程，这是人的天性使然，也是生存所需，对生活而言极为重要。就拿幼儿来说，他们运用智力最先学习的是口语，这是一项难度很大的工程。他们需要把语音和语意关联起来，需要对思想和声音进行分析。可我们都知道幼儿奇迹般地做到了，而且我们也都能解释这个奇迹背后的原因。所有的奇迹都是如此，然而对于智者来说它们仍然是个奇迹。我以此为例，就是要反驳那些要把较难的课程后置学习的言论。

学习了口语，接下来幼儿要学习什么呢？那肯定就是书面语言了，要把字音和字形对应联系起来。这太难了，难道是我们的教育专家们疯了吗？他们要让一个正在牙牙学语的六岁孩子去完成连圣贤毕其一生都可能无法完成的任务。还有个例子，代数原理是数学学习中比较困难的部分，可是它必须安排在相对容易的微积分之前来进行。

在此，我要重申我的观点：在复杂的教育实践中，将困难课程后置是不可取的，先易后难的方法不靠谱。

对课程进行排序的另外一条准则是必要优先原则，显然，在这方面我们有更坚实的依据。毕竟只有先识字，才可以去读《哈姆雷特》[①]；只有先学习了整数的概念，才能去学习相对复杂的分数。这个原则的确有道理，但是只有当你对学习科目这一概念进行人为限制时它才是对的，如果仔细推敲，就会发现如果从另外的角度来看它可能就是错误的，所以不能一概而论。这条原则的危险在于，它是在某种意义上被接受的，针对这种意义它几乎是真理；但它却是在另一种意义上被应用的，而针对那种意义，它却是谬误。难道一个人在识字以前就不能读《荷马史诗》[②] 吗？但是很多孩子，甚至过去许多不识字的成年人，都可以通过聆听妈妈的讲述和游吟诗人的唱诵去领略《奥德赛》[③]的传奇。所以，不加判断地运用某些科目必须优先于其他科目的这条原则是很危险的，只会在教育实践中制造出撒哈拉沙漠般寸草不生的场景[④]。

---

① 《哈姆雷特》是由英国剧作家莎士比亚创作的一部悲剧作品，又译为《王子复仇记》。名句“生存还是毁灭，这是个问题”就出自本书。因其悲剧意义成为西方文艺复兴时期最为人知的文学作品。

② 《荷马史诗》相传是由古希腊诗人荷马创作的两部长篇史诗——《伊利亚特》和《奥德赛》的统称，是他根据民间流传的短歌综合编写而成。

③ 《奥德赛》是《荷马史特》的一部分，是古希腊最重要的两部史诗之一。采用了倒叙的手法，讲述了特洛伊战争结束后，希腊英雄奥德修斯在海上漂泊十年，历尽了千难万险，终于回到家乡和亲人圆满团聚的故事。

④ 原文为：“produced in education the dryness of the Sahara.”

智力发展的阶段

出于对当下一些比较流行的观点的批判，我将“教育的节奏”作为今天演讲的主题。有种观点认为学生的进步是一种匀速发展、持续稳定的过程，形式不变，速度一致。照此类推，如果一个小男孩在他 10 岁的时候开始学习拉丁文，通过一种始终如一的进步，他在 18 岁或者 20 岁的时候就应该成为一个古典文学的学者。这是一种错误的教育理念，它忽视了智力发展过程中的实际心理发展，从而严重影响了教学方法的有效性。生命是有周期性的。它有日常的周期，比如工作和娱乐的交替、活动和睡眠的交替；还有由季节周期所支配的学期和假期的交替；还有明显的四季更迭……这些是任何人都不能忽视的显而易见的周期。智力发展有着更为微妙的周期，它们循环往复地出现，每个循环周期总是各不相同，在每个周期内都会出现附属阶段。这就是我为什么会选择“节奏”作为主题，旨在突出不断重复的教育活动中的差异性。我们不重视教育的节奏，不理解智力发展的特征，就会导致我们的教育呆板无效。黑格尔[①]把事物发展的过程分为三个阶段：正题、反题、合题，[②] 我们可以把这个

① 黑格尔（Georg Wilhelm Friedrich Hegel，1770—1831），德国哲学家，19 世纪古典唯心主义的集大成者，创立了欧洲哲学史上最庞大的客观唯心主义体系，并极大地发展了辩证法。黑格尔哲学是马克思主义哲学的来源之一。

② 黑格尔的辩证法思想由正题、反题、合题组成，他认为任何事物都是“正—反—合”的发展过程，原文为：“I think that Hegel was right when he analysed progress into three stages，which he called Thesis，Antithesis，and Synthesis.”

理论运用到教育实践中，但是如果这样直接命名不是很有启发性，我更愿意将智力发展的三个阶段命名为：浪漫阶段、精确阶段和综合运用阶段。

浪漫阶段

浪漫阶段是领悟的初始阶段，在这个过程中，大量生动而又新奇的知识涌入学生的脑海中，新的知识之间存在着千丝万缕的联系，启发着无限的可能性。在这个阶段，知识不受系统化程序的支配。知识系统固然重要，但这样的系统是为了特定目的而建立起来的。在浪漫阶段，学生的认知是直接的，偶尔才会对事实进行一定的系统性分析。即便如此，学生们也会产生浪漫的情感，兴奋而激动，因为他们已经从单纯地认识一些客观事实开始向探索事物之间的联系转变。举个例子，初看《鲁滨孙漂流记》，只觉得鲁滨孙就是一个男人，沙滩只是片沙滩，脚印只是串脚印，荒岛就是个荒岛，欧洲就是一个人来人往的繁忙的人类世界。而如果把鲁滨孙、海滩、脚印以及与欧洲相隔离的荒凉小岛联系起来，学生们就会发现若隐若现的联系，于是浪漫的情感便油然而生。我之所以用这个极端的例子来说明，是为了准确无误地表达我的意思。我把它看作发展循环期中的第一个阶段的象征。教育从根本上是对学生头脑中已有的活跃而纷乱的思想进行排序整理的过程，如果头脑中空无一物，教育将无所作为。我们一般所理解的教育，通常是指教育的第二阶段，即精确阶段。然而，只有充分了解了教育的整个过程以及其中可能存在的全部问题，我们才不会做无用功，同时我们也要对教育过程中学生智力发展情况以及随之而来的学习成果这些方面给予重点关注。

精确阶段

精确阶段一定程度上代表了对知识的进一步积累，在此阶段学生更注重精准、系统地构建知识体系，而不是知识的广度和广泛联系。这是学习基本原理的阶段，比如学语言会更关注语法，学科学会更关注原理。在此期间，学生们会一点一点地被动接受一些分析方法，慢慢具备一定的分析能力，然后就可以在学习新知识的过程中运用这种能力进行自己的分析。

显然，如果没有前面的浪漫阶段打基础，精确阶段将宛如空中楼阁一般。学生只有对一些普遍而广泛的事实有了笼统的认知，才可以进行分析，否则就是对既定事实苍白的赘述，毫无意义可言。在此阶段，我们不能只停留在从浪漫阶段所获得的客观事实。在浪漫阶段，我们对事实的认知揭示了具有广泛意义的种种可能观念，但我们要在精确阶段系统地学习更多的知识，从而对前一阶段的知识进行系统地认识和分析。①

① 原文为："The facts of romance have disclosed ideas with possibilities of wide significance, and in the stage of precise progress we acquire other facts in a systematic order, which thereby form both a disclosure and an analysis of the general subject-matter of the romance."

综合运用阶段

最后一个综合运用阶段就是黑格尔所说的“合题”，此阶段是对浪漫阶段的回归，这是在各种观念得到分类并增加相关技能后得出的。这是精确训练所要达成的目标，是最终的胜利。到目前为止我和大家陈述了这些颇为枯燥的概念，由于我后面的论述都是基于大家已经清楚了解这三个阶段的循环特点来展开的，所以我有必要对一些重要的概念进行分析。

循环的过程

教育就是这三个阶段的不断循环往复。从狭义上说，每一节课的教学都应该自成一体，形成一个循环周期，引向随后的发展过程。越是较长周期的学习越要有明显的收获，进而形成新一轮循环的起点。在教育中设定一个远大崇高的长远目标是不切实际的，我们一定要摒弃这种想法和做法。老师的激励应该恰到好处地满足学生周期性的学习渴望，这样学生才会不断地获得成功的喜悦，并开始新一轮的学习周期。

幼儿智力发展的浪漫阶段是从理解事物和事物之间的联系开始的，有一个显著特征就是幼儿的身体行为和心理感知是相互协调共同发展起来的。幼儿在智力发展的第一个精确阶段首先要做的就是掌握口头语言这个工具，进而用语言来辨别各种事物、理解和表达各种情感的需求。幼儿综合运用阶段的第一步，就是把语言作为一种工具去描述事物，并在表达的过程中提升自己丰富多彩的认知愉悦感。

智力发展的第一个循环周期是从感知事物到语言能力的获得，再从语言学习到分类思维的形成和对事物更敏锐的感知。这是唯一可以在自然状态下观察到的智力发展进程，之后智力发展的进程或者说是周期都会或多或少地受到现行教育模式的影响而发生改变，所以值得我们对其进行更为深入的研究。这个循环周期有一个特点——可以说是非常成功的——这个特点在随后的教育中消失了。在这个周期结束的时候，孩子们学会了说话，可以对自己的观念进行分类，并获得了敏锐的感知能力。如此看来，这个循环周期达到了既定的目标，这远远超过了大多数学生在教育体制下所获得的成就。这是为什么呢？我觉得是婴儿所处的自然环境为其布置了一项适合他大脑发育水平的任务。因为对于一个新生儿来说，摆在他面前的任何任务都是无比困难的，更别说智力发展了。一个孩子从学会说话到思考，我认为这并不神秘，但是从这个角度来看幼儿时期的智力发展过程，的确可以给我们带来很多启发。

在后续的教育过程中，我们很难找到和幼儿期相媲美的一个循环周期，可以在有限的时间内管理他们的发展过程，在有限的自身环境中获得完全的成功，这是幼儿时期智力发展的显著特征。在此之后，假如让一个学生在 10 岁的时候开始学习拉丁文，希望通过系统的训练让他在 20 岁的时候成为一个优秀的人才，那么真实的结果肯定是失败的，这个学生既不会有兴趣学下去，也不会有什么收获。这里我所说的失败，是将学习结果与第一个循环周期所获得的巨大成功相对照而言的。失败的原因不在于任务太艰巨，而在于我们以一种非自然的方式布置任务，缺乏应有的教育节奏和激励措施，孩子无法获得阶段性成功带来的激励与正向反馈，也就没有了学习上专心致志的执着精神。

幼儿时期取得的巨大进步和学习过程中的专注力是密不可分的，幼儿全身心地投入到他在发展循环周期的训练之中，没有什么能干扰他的智力发展过程。这种早期的、自然的智力发展过程和后期的、受到干扰的智力发展存在着明显的不同。我们的现实生活是多姿多彩的，人们的心智也会呈现多样化的发展以适应这个五彩斑斓的世界。我们可以借鉴智力发展的这一特点，争取在后面的教育过程中采取一定措施，保留并提升学生的专注力，全心全意地投入到学习当中。尤其是，我们应该避免同时教授过多学科。旧式教育的一大弊病是没有节奏地、笼统地教授一门没有分科的单一课程。而现代教育体系所坚持的基础性普及式教育中，乐于把系统的知识轻易地分解为不同的学科，这种做法同样是毫无节奏地在向学生灌输使人无法专注的碎片化知识。我们应该努力平衡不同的教学课程安排，使他们在各自的周期内相安无事，各行其道，最大程度上发挥知识内在的价值便于学生直观理解，就好比在不同的季节收割不同的庄稼是一个道理。

青春期的浪漫

现在我要谈谈前面演讲中所提出的观点有哪些具体的应用。

最初的婴幼儿循环周期之后紧接着就是青春期的循环，青春期的智力发展伴随着我们人类最重要的浪漫阶段的开始。正是在这个阶段，人的性格基本上固化成形，孩子的青春期是怎么呈现的，有什么样的理想与抱负，将直接影响他后面的人生道路。在掌握了口语和阅读能力之后，孩子们听说读写的综合运用能力也日渐形成。相对来说，从属于婴幼儿循环周期的综合运用阶段是比较短暂的，因为婴幼儿期感知到的浪漫素材少之又少。无论从哪个角度解读“知识”一词，儿童对于世界的最初认识都开始于这个时期，继而进入令人啧啧称奇的浪漫阶段。各种观点、事实、关系、故事、历史、可能性和艺术性等以文字、声音、形状和色彩等形式，涌入孩子们的生活，刺激他们的感受，激发他们的思想，促使他们去做与之相关联的活动。但是在这个人生的黄金时期，儿童却常常笼罩在填鸭式的教育阴影之下。我所说的这个时期大约是从 8 岁到 12 岁或 13 岁这几年时间。在此期间，少儿学会了如何运用母语，开始学会观察事物，开始学会实际操作去处理问题。幼儿不会通过实操去应对周边的环境变化，但是儿童可以；幼儿不会观察，但是儿童会；幼儿不会通过回忆来进行记忆与思考，但是儿童可以。因此，儿童相比幼儿进入一个全新的世界。

在青春期的智力发展周期中，精确阶段以小周期的形式循环往复，以此来延长自己存在的时间。提高书写、拼写和计算能力，背诵一系列简单的事实，如记住英国的历代国王等，这些都是精确阶段的学习内容。这样的学习任务对于训练学生的专注力和积累有用的知识都是很必要的。不过这些内容从本质上讲是不成体系的、零散的，浪漫阶段才真正开启了孩子们的精神世界，赋予了他们新的生命。①

蒙台梭利教育法②的成功之处就在于它认识到了浪漫在儿童成长过程中所发挥的主导性作用。所谓成也萧何败也萧何，如果这点可以作为它成功的秘诀，那同时也是它的局限性所在。从某种程度上来说，这种教育方法在儿童发展的每个浪漫阶段都必不可少。它的精髓就是广泛涉猎知识，鼓励求新求异，同时也就缺乏了精确阶段应有的审慎与克制。

语言的掌握

当儿童的心智发展接近浪漫阶段的尾声时，循环周期的成长过程就会指

① 原文为："Whereas the great romance is the flood which bears on the child towards the life of the spirit."

② 蒙台梭利教育法，由意大利幼儿教育学家玛丽亚·蒙台梭利（Maria Montessori，1870—1952）创立的一种风靡全球的教育方法，此方法坚持以儿童为中心，反对以成人为本的教学观点，视儿童为有别于成人的独立个体，反对填鸭式教学，主张从日常生活训练着手，配合良好的学习环境、丰富的教具，让儿童自发性地主动学习，自己建构完善人格，顺着敏感期学习的特征，产生最大的学习效果。教师需对孩子的心理世界有深刻的认识与了解，对孩子发展的状况了如指掌，才能适时地协助与指导孩子。

引他转向精确知识的学习。这时，语言就成了儿童专门学习的主题。学生会相当熟悉这种表达方式，还会学习了解一些讲述他人和其他文明精神文化生活的故事、历史和诗歌。这个年龄段开始于 11 岁，儿童要更加专注于语言的精确性，然后在 12 岁到 15 岁这 3 年间，通过对语言的不断学习和深入理解，学生就具备了熟练运用语言的能力，这是一个意义重大的学习任务。可以说在一定的时间段里，只要孩子全身心地专注于语言学习，那么他就可以熟练掌握英语，简单理解法语，完成拉丁语的初步学习，也就是掌握一些简单的拉丁语语法知识和句子结构，在译文的帮助下可以阅读一些简单的拉丁文原著。我认为对于一般的儿童来说，只要没有其他的学科分散专注力，都可以完成上述三种语言的学习任务，甚至有些天赋好的孩子会学得更好，走得更远。如果这样的孩子在以后的一段时期里愿意继续学习语言，而他本身也的确适合学习语言，那么他在这个阶段结束以前除了学习拉丁语外还可以开始学习希腊语。相较于语言学习，其他的课程学习就居于比较次要的地位，方法也有所不同。比如历史这样的“半文学”课程，如果我们不学习一些欧洲历史的话，就不可能读懂某些英语、法语和拉丁语的文学著作。当然我并不是说要摒弃专门的历史教学，而是建议这个时期的教育应该符合这个时期的浪漫精神，尤其是不要逼迫学生通过背诵一些琐碎的知识点来应付考试。

在这一时期，科学知识的学习应处于一个浪漫阶段。学生在这一阶段的学习过程中应独立观察、独立实验，虽然他们有时候考虑问题还不是很完善，思维的精度也不够。但不管是从对理论感兴趣的角度，还是从技术应用的角度来说，学习科学知识的要义就在于通过具体实践来应用科学知识。而且科学的每一次实践反过来又可以引出一个新的研究问题，激发新的探索精神。

所以科学知识的学习应始于研究，并终于研究，通过探索自然现象的奥秘来完成科学的学习，让学生顺理成章地掌握相关知识。能否做出适合这个年龄段的指导方式和科学实验的确切要求与范畴，取决于教师经验丰富与否。不管怎样，我觉得这个年龄阶段是进入学习科学知识的浪漫阶段最恰当的时期。

专注于科学

当一个孩子到15岁左右的时候，智力发展就基本完成了语言的精确阶段和科学的浪漫阶段所涉及的任务，随后就是学习语言的综合运用阶段和科学的精确阶段。这个阶段大概需要经历一年的时间，时间短暂但意义重大。这样就会打破以前课程设置的状态，调整课程设置比例，集中精力学习科学而大幅减少对语言课程的时间和精力投入。经过前面科学学习的浪漫阶段，再经过一年多新阶段的学习，学生就会更好地理解决定机械、物理、化学、代数、几何等学科发展的主要原理。当然这并不是说学生要进入这些专门的领域，而是通过精准掌握各门学科的基本概念来融合以前所学的相关知识。以代数和几何为例，在前面的三年学习中，学生已经学会了用最简单的代数公式和几何命题来解决计算和测量等相关的问题。通过强调数据结果的精确性，学生们的计算能力能得到加强，更加熟悉了数学公式和几何命题的内涵，领会了解题方法的奥秘。在花费了很少的时间去熟悉这些科学的基本概念后，学生们下一步就是要更深入、更彻底地去掌握那些代数和几何原理。另外，假如有的学生在先前阶段表现出了数学天赋，那么就应该在这一年内加强他们的数学学习，甚至可以减少其他课程的学习。这里我只是以数学为例来说明而已。

与此同时，语言能力的发展也到了综合运用阶段。在这个阶段，学生在学习中不再特别关注语法知识和文字的准确与否，而是开始深入地阅读文学作品，重点放在了感悟文学背后的思想和品味时代发展的历史背景上。学生会针对一个特定的、短暂的具体历史时期进行深入学习，通过一些事件准确概括这个时代，并对其中的一些人物或者政策做出评判。

至此，我已经简要概括了从幼儿期到 16 岁半的教育过程，这是根据生命的节奏而做出的相应安排。如果以我描述的节奏来实施普及性教育，那么既能培养学生的专注力，又能使学生保持对所学知识怀有一定的新鲜感。学生对于某一知识点有所领悟后，会迫切地需要深入认识，这样就要对该知识点进行精确学习。① 每一个学生在依次学习了各种不同的学科知识后，会发现自己的强项，找到自己的兴趣所在。最后说一下我最为重视的一个教育目标：对待一个理科生，既要让他接受重要的文学教育，又要在他思维最活跃的时候培养独立思考的习惯。

过了 16 岁之后，又会有新的问题出现了。对于偏好于文科类的学生而言，科学知识的学习进入到综合运用阶段，主要通过讲座来学习科学的有关知识。接下来就是新一轮的语言、文学和历史方面的学习，我们在这里可以忽视其中的一些细节问题。而对于偏好于理科的学生而言要一直学习更深、

① 原文为："Thus precision will always illustrate subject-matter already apprehended and crying out for drastic treatment."

更广的知识以不断加深他们对此类学科的理解，其学习过程的精确阶段会一直延续到中学毕业。

然而在这个教育阶段，会产生很多非常个性化的问题，可以分解为许多个案，所以不存在广泛而普遍的处理方法。不过我要强调一点：偏好于理科的学生如果之前没有学习外语，那么在这个阶段最好继续学习法语，也可以开始学点德语。

大学教育

如果你们愿意，接下来我来谈谈智力发展节奏在大学教育阶段中的重要性。

从幼儿到成人的整个发展过程是一个大的循环周期。其中，浪漫阶段涵盖了从出生到 12 岁的学习生活，精确阶段体现在中学教育时期，而综合运用阶段是从少年迈向成人的阶段。对于那些在中学教育阶段之后继续接受正规教育的人来说，大学课程或与其水平相当的课程针对的都是智力发展的综合运用阶段，综合运用阶段的理念应在大学中占主导地位。对大学生而言，在学习某门课程之前就应该了解它的基础知识和基本方法，牢固掌握先前所学的背景知识并已经接受了相应的训练。而对于中学生就没有这种要求，形象地说，中学生是一味地埋头学习，而在大学，他们就要站起来并环顾四周，要有更为宽广的视野和眼光。正因如此，如果在大学的第一年仍固守中学的学习方法复习旧的学习内容，那将是一个巨大的错误。一个学生在中学时期要学会从特殊到一般的抽象概括，而在大学时期就要尝试从一般到特殊的具体应用。设计出色的大学课程可以让学生对普遍规律进行广泛的研究。我认为这种研究不能脱离具体事实，应该对具体的事实进行研究，从而以能够说明一般的概念为目的。

智力的培养

大学阶段的教育就是将学生的理论兴趣和实践应用结合起来。不管你向学生传授什么样的知识，他都不大可能会在以后的生活中用得上，即便用上了，他也不记得当时你在课堂上教了什么。真正有用的教育，就在于让学生通过对一般原理到具体实践的具体运用来达到对一般原理的充分理解。在以后的实践中，人们可能会忘记曾经学习过的具体知识，但他在潜意识里会记得如何把一些理论运用到实践当中。只有当你丢掉课本、烧掉笔记、忘掉为应付考试而记忆的一些知识点时，剩下的内容才是对我们而言真正的有用之物。① 你需要的这些知识细节，就如太阳和月亮一样，随时都可以从记忆中调阅出来；对于那些偶尔会用到的知识，在参考书里可以查阅得到。大学的意义在于让人摆脱细节的束缚，学习更深层次的基本原理，扩展思维的广度和

① 原文为：“Your learning is useless to you till you have lost your text-books，burnt your lecture notes，and forgotten the minutiæ which you learnt by heart for the examination.”

深度。这里所说的基本原理是指那些已经渗透到内心的思维习惯，是大脑对一些合理刺激的应激反应，而不是用文字表达出来的公式定理。这种思维习惯可以帮助我们在相关情境下解决问题，随机应变，而不是遇到困难临时翻书抱佛脚，更何况书里也未必就有解决之道。以恰当的思维方式解决相应的问题，这才是智力培养的终极目标。

我们常常把学习当作照本宣科，一页一页地浏览书中的知识，遇到问题时期待着某一本书的某一页有相应的答案。当然现实生活中我们不可能这么肤浅，不至于被这种错误的理念所误导。所以学习纯粹的知识和发展专业能力之间并不是尖锐对立的关系。换句话说大学教育的任务不应局限于传授知识，更在于培养学生终身发展的能力，把知识转化为力量，把一个孩子培养成一个有头脑的人。

智力发展的节奏特点

接下来我用两点来总结我的陈述，希望能和大家产生共鸣。本次演讲的主题是探讨教育过程中智力发展的节奏特点，一个人的内在精神生活就像一张由很多线织成的网，并没有统一的标准。我曾经找了一些现实的案例来说明这一观点，我选取了一些能力中等但在较为良好环境中成长的孩子，发现他们的智力发展水平就是在按照我所说的节奏不断发展。当然，现实生活复杂多变，在实际情况中可能存在违背这个规律的现象，但是这不会影响我所强调的“智力发展是有节奏的”这一观点。智力发展所展现的是一种节奏性，包含着相互交织在一起的多个循环周期，整个过程中存在着大周期也有受大周期支配的小循环，不管是大周期还是小循环，它们都有着相同的特点，那就是节奏性。在教育实践中，我们就可以根据这一规律来进行教学安排，教学目标要符合学生智力发展的相应阶段。课程设置不仅仅是规划一系列科目的先后顺序，最关键的是这些科目如何从根本上启发心智，如何在智力发展的启蒙阶段就开始行之有效的学习。所以说真正需要排序的是教育过程中各阶段应该具备的相应教学技巧与素质。

我要说的第二点是不要过分夸大同一循环周期中三个阶段的差异性。我相信当我将每个周期分为三个阶段时，很多人肯定会说：“数学家①就是喜欢做这种正式的分类呀！”我保证这和数学水平无关，实在是语言表达能力有限，可能会让大家对我产生误解。我想强调的是在智力发展的周期中，浪漫阶段、精确阶段和综合运用阶段三者从头到尾、自始至终都是普遍存在的，它们相互交替占据主导地位，也就是这种循环交替最终形成了不同的循环周期。

① 此处的数学家指怀特海本人。

第三章　自由和训练[1]的节奏

（1927 年发表在《希伯特》杂志上）

理想的渐趋式微昭示了人类努力之后反而带来的挫败，让人感到非常悲哀。古时候，先贤们在学校里倾心传递智慧，而现在，我们大学的目标竟然变得如此卑微，仅仅传授一些课本上的学科知识。从古代先贤所追寻的神圣智慧沦落到现今只为获得各学科的书本知识，这种落差标志着教育长时间的失败。当然我并不是说古代的教育就一定比现代的教育成功。你只要去读一下卢奇安[2]的作品，他对那些所谓的哲学家们自命不凡的主张进行了一些戏剧化的讽刺，从中可以看出那个时代的教育并没有比我们现今的教育高明多少。我的意思是，在欧洲文明的曙光喷薄欲出的时候，我们的先贤胸怀理想、雄心壮志，意图促进教育向心中理想的方向发展，但随着时间的流逝，为了迎合现实的需求，“理想”一词已经渐渐没落下来。

不谈理想只谈现实层面的话，教育的发展进程就会停滞不前。特别是当

---

① 原文为“discipline”，有译为“纪律”“训练”和“规训”的，译者更倾向于“训练”，意思是有目的的培养活动，最高级的“训练”是有规则和纪律之下学生的自我约束，不同于平常所理解的“训练”。

② 卢奇安（Lucian，约 120—约 180），古希腊修辞学家和讽刺作家。最具代表性的作品是《真实的故事》，在书中卢奇安越过大西洋去旅游，经历了一连串难以置信的历险，作品在机智中讽刺时弊。《格列佛游记》直接受它的影响。

我们把教育仅仅当成一些机械的思维能力训练，或者是对实用性原理的系统化阐述，那我们的教育就不会有任何进步。即使我们试图采取很多行动措施来弥补学生学习时间的不足，修订教学大纲，但结果终究是徒劳的、盲目的。我们必须接受这个无法回避的事实，那就是上帝创造了整个世界，我们从中所要学习的知识浩如烟海，而我们的认识能力有限，仅靠一人之力全部掌握是不可能的。想要通过罗列每个人应该掌握的学科知识让学生牢记的做法是行不通的。世间万物都有其存在的价值，每门学科都有其存在的依据，都值得我们学习，或许对我们而言，这种学习资料的过剩是幸运的，正是因为我们对一些重要事实的无知，这个世界才变得如此有趣，吸引着我们去探索未知的领域。我想说的是：虽然传授知识是智力教育的一个主要目的，但是智力教育还有一个目标，看似难以把握实则意义重大——古人称之为“智慧”。没有知识的基础，一个人不可能有智慧；可即便你轻而易举地获得了知识，那也未必就有智慧。

智慧是掌握知识的方式，它涉及知识的运用、问题的处理和经验的升华。对知识的掌控，即智慧是我们所能获得的最本质的自由。① 相比我们当代人，古人更清楚地认识到是智慧主宰知识，可是在追求智慧的教育实践中他们却犯了错。他们把智慧的传递简单化了，总以为请几个口若悬河的哲学家给年轻人讲一讲，年轻人就获得智慧了。因此，在那个时代的学校里面有很多不靠谱的哲学家。而通往智慧的唯一路径是在知识面前保持自由的状态，通往知识的唯一路径是在学习上实事求是地探索和不断训练。自由和训练是教育

① 原文为：“This mastery of knowledge, which is wisdom, is the most intimate freedom obtainable.”

过程中的两个基本要素，所以我今天演讲的题目就是“自由和训练的节奏”。

教育中自由和训练的对立并没有我们在字面上的理解和逻辑分析中所假想的那么尖锐。学生的大脑是一个不断发育的有机体。一方面，它并非一个空盒子可以随随便便地被人无情地塞满各种陌生的想法；另一方面，有条理地获取新知识才能给孩子心智的发展提供必需的营养。因此，在一个理想的教育体系中，训练应该是学生主动自发选择的结果，自由则因为有训练的保障而获得更多选择的机会。自由和训练并不是两个对立的原则，我们所要做的就是协调好他们之间的关系使之符合学生心智的发展变化，这种调整就是我在第二章所说的“教育的节奏”。我一直坚信，教育实践中的很多挫败都是因为没有重视教育中的这个节奏问题。在教育的初始阶段和结尾阶段，自由应该占主导地位，而在中间阶段，自由应该从属于训练居于次要地位。我们要注意教育过程并不是一个简单的周期循环：从自由到训练，再到自由。在智力发展的整个过程中，应该有很多这样的循环周期，每一个大的循环周期里又有许多小的循环周期。如果把一个循环比作一个单独的细胞，那么教育发展的完整过程就是由这样的一个一个的细胞所组成的有机体。在分析这些细胞时，我把初始的自由阶段称之为“浪漫阶段”，把中间的训练阶段称之为“精确阶段”，把最后的自由阶段称之为“综合阶段”。

接下来我将详细说明一下上述观点。首先，没有兴趣就没有智力发展，兴趣是培养注意力和理解力的先决条件。你也许可以通过体罚来激发学生的学习兴趣，也可以通过诱哄这种比较温和的方式来激发，无论如何，没有兴趣就不会有任何进步。[1] 快乐能激发生命的本能，朝着适合自己发展的方向生长。婴儿受到母亲和保姆的爱抚而被吸引着去适应环境；我们吃饭是因为我们喜欢美食的味道；我们征服自然，是因为我们有永远无法满足的好奇心，总想着去探索未知的领域；我们喜欢锻炼身体，是因为我们想要更健康，提高身体免疫力，拥有强健的体魄；我们痛恨危险的敌人，是因为我们睚眦必报的心理，必须把情绪用愤怒的方式宣泄出来。毋庸置疑，痛苦也是一个激发生命行动的因素，但它只有在快乐缺失的情况下才会起作用，所以是一个次要因素。一般情况下，快乐才是激发生命力的一种正常而健康的方式，当然我们也要避免沉迷于肤浅的及时行乐的诱惑之中。我的意思是，我们应该去探求一系列符合自然发展规律的模式，让人以一种自然的、快乐的方式去发展心智。居于次要地位的严格训练则必须受到指引，以确保符合教育的长远目标，同时这个目标也不能过低，从而保持必要的兴趣。以上是我想说的第一个基本观点。

我想说的第二个基本观点是：毫无意义的知识是无足轻重的，甚至是有害的。知识的重要性体现在它的运用上，在于我们对它的主动掌控，也就是说，在于激发智慧。在谈及知识的时候，我们习惯于把知识和智慧割裂开来，似乎拥有知识的人就是高贵的，受人尊敬的。对此我不敢苟同，我不认为知识有那么神圣。知识的价值取决于谁拥有了知识以及他将如何运用知识。知识之所以能够增进心智，就在于知识的运用能够改变心智发展过程中的直接经验。因此，教育中为了学习知识而采取过分严厉的训练是非常有害的。积

---

① 在怀特海的时代体罚还是教育的一种方式，在现在的教育语境里，体罚变成了一个完全意义上的贬义词。

极而富有创新意识的思维习惯只会在比较自由的环境下产生，教条似的训练、死板的纪律只会让学生的心智更加愚钝。如果你有机会去接触中学或者大学毕业生，你很快就会注意到头脑愚笨的人所接受的教育其实就是获取了一些僵化的知识。而且，英国社会表现出来的关于知识学习的这种可悲的氛围也是教育失败的一大诱因。另外，操之过急地只向学生传授知识的做法更容易让教育一败涂地，因为人的心智会排斥这种灌输的知识。年轻人一向渴望开拓进取，渴望积极主动，厌恶枯燥乏味且约束性的知识训练。所以，训练的最终目的应该是满足学生对智慧的本能渴望，因为这种智慧会给我们仅有的单纯的经验增添价值。

现在让我们进一步考察一下人类心智在本能渴望方面的节奏特点。人在面对陌生的环境时，会联想已有的知识和经验，在充斥着复杂观念和经验的情况下做出一系列简单初级的推论。这是一个发现的过程，一个习惯于奇思妙想的过程，一个提出问题和寻求答案的过程，一个尝试新事物的过程，一个探究新冒险会产生什么结果的过程。这一系列的过程是自然而然的，也是足够能引起我们兴趣的。不知道大家有没有注意到：8 岁到 13 岁之间的儿童经常会醉心于对某件事的探索过程之中，好奇心会占据儿童的主导地位。[①] 谁要在此期间破坏了儿童的这种好奇心，谁就是愚蠢的罪人。毫无疑问，这个阶段的孩子需要得到帮助，甚至是一些专门的训练。比如学生学习的环境是需要认真营造的，必须要符合学生的智力发展水平和个人发展的实际需要。可以说营造这样的学习环境，是一种更高的要求，但从深层次的意义来讲，

① 儿童是天生的艺术家、科学家和诗人，他们对世界的敏锐洞察力远超成人。

它回应了孩子们内心深处对生活的内在要求。在老师的眼里，孩子们被送到望远镜前是去观测星星的，而在孩子们的心目中，自己则是获得了观察璀璨星空的自由之路。即使是最愚笨的孩子，也会在此过程中有种冲破束缚的感觉，否则的话他的天性也会驱使他拒绝接受来自外界陌生的知识。我们必须牢记，教育不是一个往汽车后备箱塞满东西的过程，这样的比喻不够恰当，教育的过程有其固有的特点，可以更为贴切地把它比喻成一个生命吸收营养的过程。比如我们都知道美味可口的食物对于健康的重要性，而放在后备箱里的鞋子，再次打开还是鞋子，放错了东西拿出来就可以了，可是如果你给一个孩子吃错了东西，那情况就完全不一样了。

儿童在浪漫阶段的初期需要我们以另外一种方式加以引导，毕竟孩子们是我们悠久文明的继承者，让他们像冰川时代的原始人一样在知识迷宫里徘徊是非常荒谬的一件事。因此，给学生适当地指出关键性的事实，介绍一些精准的概念和常见的名称，这些都可以强化学生学习的动力。在教育的任何一个阶段，自由和训练都是不可或缺的，但是浪漫阶段的重点应该放在自由方面，让孩子们自己观察，自己行动。对于成长中的儿童，如果在他们心智发展的浪漫阶段还没有结束的时候就强加给他们实施精确性方面的训练，势必会阻碍学生对于思想观念的理解和吸收。没有自由探索的浪漫阶段，孩子就培养不出理解力与洞察力。过去的教育之所以失败，很大程度上是因为没有重视和研究智力发展的浪漫阶段，如果没有浪漫阶段的自由探索，孩子从教育中得到的不过是一些枯燥乏味的碎片化知识。其中会出现的最坏结果是学生成为轻视观念、没有探索精神与独立思考能力，只会人云亦云的愚昧无知之人。

如果在学生智力发展的浪漫阶段给予恰当的引导，就会催生一种内在的渴望。随着心智的发展，儿童先前因为缺少经验而产生的新鲜感逐渐消失，但儿童对于事实和理论的基本原理有了一定的认识，而且更重要的是他们已经可以针对直接经验开始独立思考，从思想和行动两个方面进行探索，因此他们可以理解精确知识所带来的启发意义，并且通过熟悉的材料明白了常识的显著意义。那么此时就应该继续推进学生的学习，让他们精确地了解各门学科知识，明白它们的显著特点，这就到达了智力发展的精确阶段。在传统教育体制中，无论是中小学还是大学，精确阶段都是一个学生仅有的集中学习的阶段。学生不得不死记硬背书本知识，这就是传统教育的主题。相当于把智力发展的精确阶段人为地过度延长了，除了少数天才之外，大部分学生都被教成了书呆子。在毗湿奴①的巨轮碾压之下，只有一小部分学生能够侥幸保留着学习的兴趣。的确，在此阶段我们总是试图教给学生更多的客观知识和精确理论，可是并没有考虑学生的接受能力，所以在当时的学习阶段，这些知识和理论是无法被完全消化吸收的，因此不能算是有效的教育。不管是中小学老师还是大学教授，都只是学生成长过程中的次要部分。学生无论是在校学习的过程中还是毕业后的生活里，都要独立面对，切忌急于求成，拔苗助长，如果超出他们在特定阶段所能接受的范围，就会造成极大的危害。幼小的心灵敏感而脆弱，极易被庸师所误。比如一名医术不佳的医生尽管先前的教育已经被告知了疾病发生可能出现的所有情况，但是在现实的接诊过

① 毗湿奴是印度教中的神，相传数百名印度教徒用巨大的马车拉着绳索载着此神像游行时会有狂热的信徒甘愿投身死于车下，认为死后即可升天。后来比喻巨大的毁灭性力量。

程中还是很容易对病人误诊误治，使患者遭受莫大的痛苦。我们得警惕这种现象。但是在教育中有积极向前的一面，在此阶段还是要让学生了解一些基本的知识细节和重要的理论，获得快速掌握技术的能力。而且在当今社会一个人能否有所作为，取决于他是否有真才实学，而这对一个学生来讲必须要有一定的知识积累和实践能力。就好比要写诗，你必须要先学习韵律；要造桥，首先你得懂材料力学。即便希伯来人①的先知们想要传递福音，那么他们也要首先学会写字，要知道在当时会写字已经是很不容易的事了，需要付出极大的努力。所以没有谁的聪明才智是与生俱来的，假如说有谁是天生奇才，我则可以借用《祈祷书》② 中的话来说，技艺如果没有经过训练，就只能是盲目创造出来的无用之物。

当智力发展到精确阶段后，学习的浪漫精神就会退居二线。精确阶段占据主导地位的是学生怎么能分辨什么是对的方法，什么是错的方法，还要探索未知的真理。此时的浪漫精神并不是消失了，作为一种教学的技巧，它会在指定任务中通过明确应用而被激发出来。为何要培养这种浪漫的情怀呢？其一是因为浪漫是作为教育的终极目标也就是和谐智慧③的一个必要组成部分，另一个原因则是浪漫能激发学生在理解知识过程中的活力，这样才能真正领会学习的要义。我们要在教育实践中发现自由和训练的平衡点，从而加强学生对事物的理解能力。应该怎么把握这种平衡，并没有放之四海而皆准

① 最早的犹太人被称为“希伯来人”，意为“渡过河而来的人”。

② 《祈祷书》是基督教中用来祈祷和赞颂的书。

③ 和谐智慧，原文为“balanced wisdom”，也可译作“均衡智慧”，并不是高深的理论，而是普通人在日常生活中如何待人接物，社会各种人群或阶层的相互理解，人对自然的尊重和珍爱等的态度和哲理。

的原则，因为我们面对的学科不同，学生也不同。但是我一直以来提到的心智发展的节奏规律是恒定的，那就是教育发展的早期阶段要侧重于发挥学生的自由探索精神，而在随后的中间阶段侧重于完成规定任务，掌握更精确的知识。必须承认的是如果浪漫阶段中教师的教学活动充分满足了学生的自由探索要求，那么在随后的精确阶段学习就会顺利得多，孩子们会懂得如何开始学习新的知识，如何能取得好成绩，做好每个小细节。此外，我认为真正有效的训练是自律，而它只有通过充分地享有自由才可以获得。[①] 可是教育中所要考虑的因素实在是繁杂，所以有必要让学生养成欣然完成既定任务的习惯。首先这取决于既定任务是否符合学生在每一个阶段的自然渴望，其次学生在此过程中是否全力以赴地学习、能力是否得到充分的发挥，最后在完成任务的过程中学生是否享有合理的自由。

为什么很难准确描述一位资深的教师是如何让他的学生保持活力四射的浪漫精神的呢？原因就在于描述起来花费的时间太长，做起来却只用了很短的时间。比如维吉尔诗歌的优美可以通过朗诵时的悦耳发音来感受，不需要啰哩啰唆地写篇论文来描述；强调数学论证的典雅，最为便捷的方法就是用一般原理去推导论证复杂的事实。在此阶段，教师的责任重大。说实话，除了少数有天赋的教师外，很难有教师能够在不扼杀学生学习兴趣的情况下带领全班进行行之有效的精确学习。学生学习中的首创精神和训练都是必要的，但训练往往会扼杀首创精神，这是一个两难的选择。

---

① 自由方得自律，而不是大家通常所理解的自律方得自由，这个逻辑关系非常重要。怀特海在此肯定自由在教育中的作用，因为自由才能带来兴趣和快乐。没有兴趣就没有学习的积极性。

我们承认这是一个两难的选择，并不代表我们可以完全无视这个棘手的问题。这个问题不是理论本身造成的，而是因为面对的实际情况各不相同，很难找到相同的案例去参考，也没有一个统一的解决策略和方法。过去的教育方法扼杀了学生的学习兴趣，而我们至今仍在思考如何把这种伤害降到最低。教育是个复杂的事情，没有放诸四海而皆准的一定之规。

在现实中，有一个实际问题被大多数人所忽略。浪漫精神的内涵比较宽泛且难以界定和控制，有时候只是体现在学习中的灵光一现。但是精确阶段，知识的范围可以并且应该被明确的界定，正如在任何普通的常规教育体制中所要求的那样。如果把这个范围定得过宽，就会扼杀学生的兴趣，无法实现课程目标；相反，若把范围定得过窄，学生就很难有效地掌握知识。当然，在不同类型的课程里，每一门科目的精确知识都应该经过充分严格的调查才得以确定，遗憾的是这一点迄今为止都没有完全认真且有效地做到。例如，当那些准备从事科学研究的学生学习古典课程时，应该明确掌握哪些拉丁语词汇呢？还应该掌握哪些语法规则和句型结构呢？为什么不能一次性地把这些内容确定下来，然后通过每一次练习来加深记忆，好让学生们牢牢记住这些知识，从而理解在拉丁语或者法语、英语中出现的派生词？在这种情况下，如果学生在阅读文章中出现一些新的语法结构或者词汇，老师就可以用很轻松的方式进行讲解。在教育中，某种彻底的确定性是很有必要的。我认为一位成功教师的秘诀就在于他明确知道学生应该精确地掌握什么知识，而不是胡作非为敷衍了事，这样他就不会让学生去记忆一些无关紧要的零碎知识，也不用进行一些不必要的测试。成功的秘诀是速度，速度的秘诀则是专注。对于需要精确掌握的知识来说，速度就体现在尽快地学习知识，然后灵活运用知识上。

现在让我们来看一下节奏发展周期的第三个阶段，即综合运用阶段。在这个阶段，出现了一种对浪漫阶段的呼应。此时的学生已经掌握了一些精确的知识，具备了一定的能力，能够清楚理解一些规则、定理和他们的具体应用。如今学生们迫切想要做的是使用自己的新武器来展示其使用效果。虽然在这个新的阶段，学生们又开始了一系列浪漫阶段的那种自由的探索过程，所不同的是他们的思维不再是涣散松懈的，而是训练有素的。从这个意义上来讲，所有的教育都应该在研究中开始并在研究中结束。毕竟从整体上来看，教育就是为了应对生活中的直接挑战，随时准备用正确的观念和适当的行动处理可能出现的情况。教育的终极目标是培养富有创见的智慧，如果我们的教育不以唤起首创精神为开始，不以激励首创精神为结束，那么它就是错误的。教育的宗旨是培育学生拥有健全的智慧。

我在大学任教期间就被学生思想的僵化所深深触动，这种僵化源于他们盲目地积累了一些精确知识又不加变通地去生搬硬套。一个大学教授的首要目标应当是展示自己真实的个性，以略知一二的无知者自居，主动运用自己的一小部分知识积极思考。① 从一定意义上来说，知识会随着智慧的增长而减少，因为很多知识细节被归纳到原理性的思维体系当中。我们可以在生活中学会很多重要的知识细节，尤其在自己感兴趣的领域，可只有得心应手地运用那些已经被理解得很好的原理，才能说真正拥有了智慧。在智力发展的精确阶段，我们需要通过获取精准的知识来理解知识背后的相关理论。进入综

① 古希腊的哲学传统认为，承认自己的无知是开启智慧的前提，人只有首先认识到自己的无知，才能去学习与思考，掌握真正的智慧。

合运用阶段以后，我们不再对知识细节感兴趣，转而推崇理论的灵活运用，此时的知识细节已经融入到下意识的习惯之中。比如在一般情况下，我们并不需要反复背诵“2+2＝4”，即便刚开始学习的时候的确这样做过，但是现在这种初级运算已经成了我们的一种思维习惯。综合运用阶段的本质是培养一个人从相对被动的训练状态发展为自由运用知识的主动状态。在此阶段，依然需要学习精确知识，而且是要学习更多的精确知识，因为我们的心智感受到了精确知识所带来的推动力量，进而可以掌握一般原理并且能够广泛使用。知识的增长变得越来越倾向于无意间的获得，成为思想探索过程中的附属品。

关于人的智力发展节奏的三个阶段就先讨论到这里吧。一般来说，教育的整个过程都受这三重节奏支配。从年龄上来说，13 岁或 14 岁之前都处于浪漫阶段；14 岁到 18 岁之间为精确阶段；18 岁到 22 岁则是综合运用阶段。这只是一般情况，从整体上描述了一个人智力发展的过程。我认为任何一个学生在学习各科知识的时候，不可能同时完成这三个阶段的发展目标。以学习语言和科学为例，当语言学习开始进入它的精确阶段，即开始学习词汇和语法的时候，科学学习还完全处于浪漫阶段；语言的浪漫阶段始于婴幼儿的牙牙学语，这样语言学习就较早地进入精确阶段，而科学学习就相对比较落后一些时间。可是如果在孩子很小的时候就传授给他们精确的科学知识，就会扼杀他们的探索精神和学习兴趣，为孩子以后的科学学习造成障碍。所以，在语言学习进入精确阶段之后，科学学习的浪漫阶段还要再持续若干年。

学生在现实中的学习过程同时也是心智的周期性发展过程，每个周期又包含着很多小循环，每个小循环也同样体现着三个周期的往复。在学习中，学生先对一个主题知识有一个大致、模糊的了解，然后掌握一些精确的知识点，最后再将这些知识融会贯通于整个科目当中。如果一个学生不能持续不断地产生学习兴趣，训练技能，那么他将无法体会成功的喜悦，不会学有所成，也会就此失去学习的信心。回顾英国过去三十年的教育，中学向大学输送了一大批丧失学习热情的年轻人，他们就像被接种了抵制学习热情的疫苗一样，反对任何智慧火花的迸发。而大学教育又反过来强化了中学教育的这一缺失，从而强化了这种教育的失败。于是，年轻人的兴趣爱好转移到了其他方面，这导致素以教养著称的英国人不再热衷于学习和思考。什么时候能再次见证我们民族的伟大成就呢？只有当这伟大的成就不是出现在战场上，不是出现在操场上，而是产生在学生们的课堂上的时候，我们才有称得上是令人满意的教育模式。

以上讨论的都是有关智力教育的问题，我的分析局限在一定限制性的范围之内，毕竟学生是一个个活生生的个体，不能像拼图游戏一样把他们拆解成一块一块的。与机械生产不同，一个鲜活的生命的发展依靠的是自身内驱力，而机器的生产靠的是外在力量把单独的零件组装到一起，两者是完全不同的。内在动力可以从外部予以激发和引导，也可以被外部力量消除，但是生命体的发展除了外部刺激以外，最根本的还是由内而外的内驱性动力使然，源自于内心深处。教育是引领个体去理解生活的艺术，所谓“生活的艺术”，是指一个人在面对生活中的各种真实情境所表现出的潜能和处理方式。这是人类活动最完美的展现，是对生活的领悟，充分展现了人性里各种潜能中的低级部分是如何受到高级部分的支配的，也充分表明了科学、艺术、宗教和道德都是从人类内心深处的创造力衍生出来的。人生是场充满冒险的旅行，生活的艺术就是引导每一个人在探索中前进。历史上的早期宗教文明在其最初的教义里都反对把道德作为一系列孤立的戒律进行灌输，“道德”这个词从消极意义上来看具有束缚性，它是宗教的死敌。使徒保罗批判摩西律法，《福音书》里痛斥法利赛人①，每一次的宗教冲突，都会出现类似激烈的对抗，而在宗教衰落的时期对抗也会随之烟消云散。就关注智力节奏方面，的确没有哪种教育比道德教育和宗教教育做得更好。② 宗教的活力就是通过发展的节奏性规律来体现的，因为无论宗教的教义如何表述，如果过早地强调教义的精确性，那么对宗教而言就意味着自寻灭亡。遵循着规律的节奏，宗教精神才能在宗教教育的严峻考验下得以传承。

我并不是要讨论教育的宗教问题，那个题目太大了。我之所以提到宗教问题，是想让大家拓展思路，不要停留在狭隘的理解层面上。我们现在分析的是生命高级阶段的节奏性发展的一般规律，包括：最初的觉醒、训练和更高层次的收获。需要强调的是发展的本能源于个体内部，“发现”由我们自己完成，“训练”是自我约束而成，“成就”是自我探索精神的结果。一个教师有着双重作用：一方面通过人格魅力和个性特征与学生产生共鸣，激发学生的学习热情；另一方面营造良好的学习环境，增强学生学习的信心。教师要避免浪费学生的才能，同时又要明白在学生成长的初期适当的浪费其才能是

---

① 法利赛人又称为伪善的人，他们强调表面上遵规守法，过于形式化而不注重形式背后的原理。

② 怀特海认为宗教教育和道德教育首先要进行充分的浪漫阶段的培养，然后才能进入精确阶段的学习。比如首先通过英雄人物的事迹、神话故事的描述来让受众感知友谊、勇敢、热爱等道德信念与宗教情感，而不是首先进行道德的灌输、说教和强迫性的束缚等。

成长的必经阶段。[①] 不管是科学、道德还是宗教，最大的发展动力就是价值认同和目标同一，在个性和超越自我的价值观融合过程中，人们表现出各种形式的质疑、好奇、尊重或崇拜，以及欲望。对价值的认同赋予了生命难以置信的力量，没有它，人类就不会有进步，生活也将处在较低层次的被动状态之中。这种力量最为突出的表现就是对美的感悟，即审美意识，欣赏尽善尽美之物的美感。由此我不禁想问在现代的教育中，我们是否对艺术的重要性给予了足够的重视？

过去英国公学只招收那些来自富有的、有教养的家庭的男孩子。这些孩子的家庭条件很好，有机会到意大利、希腊和法国等国家去旅行，很多现代公立学校的中小学生都达不到这种条件。无论物质条件如何，我们都不能忽视艺术这种关乎我们精神生活的伟大要素。审美情感让我们对价值有更生动的理解，如果无视审美的价值，那所有的思想认识都会大打折扣。在教育中对自由的追求必然会带来一种结果，那就是注重健全人格的发展。在经济不景气的时候，我们总会听到一些教育无用论的观点，努力没有用是否就可以减少努力？如果只是一味单纯地进行知识教育，必将导致巨大的失败，而这恰恰就是我们目前的学校教育正在做的事情。我们所做的一切刚好只能让学生感到欣慰，但却无法让他们满意。历史的经验告诉我们，当一个国家的艺术繁荣发展的时候，这个国家才能走上文明之路。然而现实则是我们向广大民众关上了艺术的大门，虽然为民众提供简单通俗的艺术形式并不会耗费太多资源与财力，但是我们却没有办到，这就是体制的愚蠢之处了。在教育中

① 中国的古人讲无用之用是为大用，本段怀特海一直在强调这一教育思想。

更能体现这一点，所以这样的教育虽然能唤起人们的渴望，但注定要失败，并且招致人们的不满。我们或许可以通过一些重大改革来降低民众的劳动强度或失业率，但是并不能大幅提高民众的收入水平。[①] 在这些方面，乌托邦式的空想是无法实现的。然而我们并不需要花费太多周折就能利用学校资源培养学生们的艺术情趣，让学生们爱上音乐、戏剧，并能从色彩与形式的美感中获得审美的愉悦。同样采取一些简单的措施就可以满足民众日常生活中的审美需求，物质资源的耗费微乎其微。当我们做到了这些，当民众深刻理解了艺术所能赋予他们的一切——欢乐和敬畏时，这片国土上的先知、神父和政治家们宣扬来自上帝的爱、宣传义不容辞的责任和激发爱国热情的时候将会得到更有效、更容易的支持。

莎士比亚创作戏剧的那个时代，英国人成长于美丽的田园之中，经历了从中世纪末期到文艺复兴萌芽时期的壮丽生活，而且他们在大洋彼岸开疆拓土，这些都让他们的人生经历变得波澜壮阔，充满浪漫而新奇的感受。如今我们面对的是一群成长于科学时代的城市居民。所以我在此毫不怀疑倘使我们不能用全新的方法来满足新时代的要求，维持民众的精神生活水准，受压制的渴望迟早会在沉默中爆发，我们英国将会重蹈俄国衰亡的覆辙。历史学家们也将会为英国写下这样的墓志铭：她亡于统治阶层的无知与短视，僵化与自私的功利主义，缺乏远见又浅薄的治国之术。

---

① 传统经济学的需求定律认为普遍增加工资会提高企业用工成本，企业会主动降低雇工数量，导致失业率增加。怀特海在此代指不可实现的空想。2021 年诺贝尔经济学奖获得者卡德教授的自然实验法挑战了上述传统观点。

第四章 技术教育及其与科学和文学的关系

（1917 年怀特海担任英国数学家协会会长的就职演讲）

这次演讲的主题是技术教育，我想和大家一起探讨一下技术教育的本质以及它与人文性的通识教育的关系。① 这可以帮助进一步分析我们国家的技术培训体系的现状及其成功运作所需要的条件。同时技术教育也是数学老师们特别关注的一个热点问题，因为大多数的技术教育课程都包括数学科目的内容。

在正式展开讨论之前，我们有必要构想出我们心目中的最完美的理想模式，即使短期内我们期待实现的目标可以相对保守些。

现在的人们羞于谈论理想，我想借用一位现代剧作家的作品②来谈谈这个话题，即人类的理想生活是什么样子的。它来自作品中一位疯狂的神父之口：

---

① “liberal education”一词因为它的多义性和模糊性，至今没有定论，是西方教育史中几个核心概念之一。西方多译为“自由教育”“博雅教育”，东亚译为“通识性教育”“发展自由人的教育”等。从本书怀特海的论述中可以分析出他对教育的分类有两个维度：他把教育分为包括语言、文学、历史、艺术这样的人文教育和包括数学、物理、化学、生物这样的科学教育；又分为一般学术教育（一般通识教育）和职业技术教育。通过教育而获得知识，通过知识培养理性，通过理性成为一个头脑合格的公民。

② 这里指英国著名剧作家萧伯纳（George Bernard Shaw，1856—1950）的戏剧《英国佬的另一个岛》。

> 我梦想的天堂是一个国家，里面的政府就是教会，教会就是人民，三位一体，一体三位。它是一个共和国，里面工作就是游戏，游戏就是生活，三位一体，一体三位。它是一座大庙宇，里面祭司就是礼拜者，礼拜者就是受礼拜者，三位一体，一体三位。它也是一种神，里面众神都有人性，而众人都有神性，三位一体，一体三位。总而言之，它是一个疯人的梦想。

在这段陈述中，我注意到一句话："它是一个共和国，里面工作就是游戏，游戏就是生活。"这不正是我们技术教育的理想吗？这个理想听起来或许让人难以置信，因为在现实生活中，成千上万的雇佣工人每天辛苦劳作，他们展现在世人面前的只有疲惫不堪、怨气冲天和麻木不仁。我不是在做社会调查与分析，而是想告诉大家社会现实距离我们的理想到底有多远。其实我们也明白，如果真有一位雇主按照"工作就是游戏"的原则来经营他的工厂，那么这个工厂肯定会在一周之内倒闭。

无论是寓言故事里还是现实生活中，都清晰传递着一种生存规律，那就是：劳动创造美好生活。只有辛勤劳动，人类才能繁衍生息。但是，基于理性和道德的直觉让人们从这一规律中看到了人类进步的基础。早期本笃会①的僧侣们就乐于劳作，因为他们深信这样做就会与上帝同在、荣耀上帝。

去掉神学观念的外衣，其精神内核还是很有道理的，劳动应该符合人们理性的、道义上的愿景与想象，从而克服辛苦工作所带来的痛苦与懈怠情绪，

① 本笃会是天主教的修会之一，529 年由贵族出身的意大利人圣本笃创立于意大利中部的卡西诺山，强调通过劳动来虔修，认为游手好闲、不事劳作是一种大的罪恶。

使劳动成为一种乐趣，享受工作带来的快乐。每个人都可以根据自己的实际情况与认知，更为具体地体悟这一抽象观念，丰富对它的理解。只要不在细节上遗漏掉核心内容，你想怎么表达就可以怎么表达。① 不管如何表达，“享受劳动”始终是辛苦劳作的人们所怀有的真正而又崇高的愿望。如今使劳苦大众获得解放、享受劳动的希望既掌控在从事技术教育的教师手中，也掌控在那些管理技术教师的教学设计者手中。所以要重塑我们的国民精神，让“工作就是游戏，游戏就是生活”，使他们本着早期本笃会的僧侣们一样的精神在快乐中劳动。

当前我们的国家需要大量的熟练技术工人和富有创新精神的人才，也需要大量能接受新思想的开明雇主。

要想取得这些令人称奇的成果，有且只有一种方法，那就是培养出从工作中获得快乐的工人、科技人员和企业雇主，这是基于人性的了解与认识。试想一下一个疲惫不堪、精神萎靡的工人，即便技术再怎么娴熟，他也不可能生产出高质量的产品。因为他会在工作中敷衍了事，抵触新的工作方法，还会逃避监管；对工作和环境经常口出怨言，牢骚满腹，满脑子都是脱离现实的不切实际的革新念头，他的工作效率可想而知。当我们在技术教育中忽视本笃会的理想，不努力实现“劳动即快乐”的宗旨，那么在社会动荡时期将更容易引发工人暴动，而整个社会也将因此陷入动乱不安之中。

其次，具有创造天赋的人在从事发明这一高强度的劳动过程中也需要愉

① 原文为：“Each of us will restate this abstract formulation in a more concrete shape in accordance with his private outlook. State it how you like, so long as you do not lose the main point in your details.”

悦的精神状态。“需求是创造之母”这个谚语有些不准确，严格来说，“需求产生无用的发明”才更贴近事实。现代发明创新的基础是科学，而科学活动几乎是完全依赖于令人愉悦的旺盛求知欲。

第三种人就是有创新精神的雇主。我们会注意到那些成功的企业家是社会中的重要人物，他们的生意遍布全球，积累了大量财富。虽然商业总有兴衰起伏，但如果各行各业中成功的商业公司都不景气，那么国家的经济发展也会发生衰退，就别指望经济能够繁荣昌盛了。如果这些老板们只把生意当作一种谋生手段，以此获得更好的生活条件，而不是沉迷于商业活动本身的兴趣，那他们就不会冒险去开拓新的项目，挖掘新的增长点，也就不可能对新生事物持有开放的心态。他们已经很成功了，继续前行的动力就是维持现有的发展趋势，对金钱的渴望不会催人奋进，只会让人变成守财奴，而无法铸造真正的富有创新性的企业家精神。和讨厌经商却为了开办慈善性医院等机构而经商的人比起来，喜欢经商的人才是人类未来的希望。

最后，如果雇主和工人都以榨取利润为目的，那么他们的经营就不会长久，也无法带来产业的长远和谐的发展。生产经营者不应把目光只放在利润上，更应该以长远的眼光来看待生产经营所提供的公众服务，这样社会才会建立起合作、和谐的基石。

从以上的讨论我们可以看出，对雇主和技工而言都必须以一种自由的精神来看待技术教育，技术教育会满足民众的实际需求，提高生产经营的效率，所以，在技术教育中教授学生几何学和诗歌跟教他实际操作机床一样重要，这是必不可少的知识和精神储备，是种真正意义上的启蒙教育。

我们用柏拉图[1]的思想代表现代人文教育的思想，用圣本笃的思想代表技术教育的思想。我们不用详细阐述这两位先哲的真实思想，而是把这两位作为一种代表，用来象征不同的观念。我们考察柏拉图的教育思想，主要是研究受他的思想所影响的现代文化。

人文性的通识教育在本质上是一种培养人类思维能力和审美能力的教育，教授内容主要是思想深刻的名著、充满想象力的文学作品和发人深思的艺术杰作，最终实现从理论到实践的运用。这其实是一种贵族式的教育，要求有充足的闲暇时间来进行。这种柏拉图式的教育理想为欧洲文明做出了不朽的贡献。它激发了人们对艺术的追求，培养了被视为“科学之源”的无私的探索精神，使世人在物质条件的诱惑面前仍能保持崇高的精神尊严，这种尊严给人类带来思想的自由。柏拉图没有像圣本笃一样和奴隶们一起辛苦劳作，但是他仍然是人类思想的解放者，他的思想鼓舞了开明的贵族，而欧洲正是从这些贵族阶级那里继承了自由的精神，泽被后世直至今天。几个世纪以来，从教皇尼古拉五世[2]到耶稣会[3]会士，再到现代英国公学的校长，都很推崇这一教育理念。

对某些人来说，这是一种非常好的教育模式，因为它符合这些人的思维方式和生活环境。但是人文性的通识教育的意义远非如此，可以把它作为参照系来判断其他教育是否有所欠缺。

---

① 柏拉图（Platon，前427—前347），古希腊伟大的哲学家，与其老师苏格拉底、学生亚里士多德并称古希腊三大哲学家。

② 教皇尼古拉五世（1397—1455），欧洲文艺复兴时期杰出的人文主义学者，为恢复古典文化、艺术知识，重建罗马和振兴宗教做出了卓越贡献。

③ 耶稣会是创立于1534年的天主教的主要修会，其会士主要从事传教和教育活动。

人文性的通识教育的本质就是通过浏览各学科广博的文献、著作和资料来掌握丰富的知识。它培养出来的理想型人才会学习到人类历史上最优秀的文化成果，精通世界上几种主要的语言，用历史的眼光和视野研究过各民族的兴衰荣辱，知晓表达人类情感的最优美的诗篇，阅读过经典性的戏剧和小说。同时，他还了解主要的哲学流派，认真阅读过一些代表性的著作，深知重要的哲学观念。

显然，如果要完成此项计划，可能要耗费一个人一生的时间，他也就没有闲暇去做其他的事情了。这不由得让人想起来卢安奇作品中的一个说法，他说一个人在可以有根据地选择一种流行的道德伦理加以实践以前，先要花费 150 年的时间来审核这些制度的合理性。

显而易见，这样的理想并不适合人类。广泛的文化修养并不要求掌握各种不同文明的所有文学作品，从亚洲的到欧洲的，再到美洲的。我们只需挑选其中的一小部分来学习就好，当然挑出来的必须是最优秀的精华与精品。如果在人文教育中选择希腊的色诺芬①而忽略中国的孔子，我觉得是不恰当的，虽然我并没有读过他们的大作。范围广阔的人文性的通识教育只需要学习几种重要语言所记载的重点文献就可以了。

对人类精神的表达并非仅仅局限于文学，也在艺术和科学中有所体现。教育应该超越对已有思想文化的被动接受，必须强化首创精神。遗憾的是，创新并不单指某一个方面的才能，思维要创新，行动要创新，艺术想象力也要创新，即便是这三个方面，又各有很多更细的分支。

---

① 色诺芬（约前 430—约前 355 或前 354），古希腊历史学家、作家，苏格拉底的学生。代表作有《远征记》《希腊史》等。

学海无涯而生有涯，和浩瀚的知识海洋相比个人只不过是沧海一粟，微不足道。所以即使是古典学者、科学家和校长这些有文化的人，在某种程度上来说依旧是无知的人。

有一种错误的观点认为一个人知道得越少，越可能获得较高的修养。[①] 当然这个观点带给我们的唯一好处就是让人们逐渐意识不到自己的无知。没有读过莎士比亚的戏剧，不学牛顿的经典定律，不懂达尔文的进化理论，就算是对柏拉图来说也是一种损失。人文性的通识教育这些年没有变得更为糟糕，这种改变主要得益于人们已经意识到了这种教育存在的弊端。

我认为即使是忽略一些次要的因素，也没有一门学科可以达到完美无缺的境地。比如柏拉图所倡导的文化发展理论强调不计个人得失地探求知识，这在心理学上就是个错误。我们的行为和我们在不同事件发展过程中所起的作用有着必然的因果关系，这是根本问题。如果在教育中想方设法地把智力活动或审美活动同基本事实相脱节，必然会导致文明的衰落。文化在本质上服务于实践，它的作用是把劳作者从无意义的劳动的辛苦中解救出来。艺术的存在让我们明白表达我们自身的感知是一件颇为美妙的事情，艺术能丰富我们的心灵。

科学里崇高无私的求知欲是一种生命的激情，它渴望能够理性而有序地呈现系列事件之间的关联。但这种求知欲的目标是将行动与思想紧密结合起来。即使在理论科学中，这种对行动的重要影响也容易被忽视。没有一个科

---

① 原文为：“There is a curious illusion that a more complete culture was possible when there was less to know.”中国文化传统中有类似的表述：“古之善为道者，非以明民，将以愚之。”“人生识字忧患始，姓名粗记可以休。”“读书无用论”。

学家只是想要单纯地了解世界，他们学习知识是为了满足自己探索的欲望，发现未知的世界。他们不是为了了解而去探索，而是为了探索而去了解。由成功实现目标带来的快乐，是艺术和科学给辛苦劳作赋予的愉悦。同理，艺术家和科学家也享受着这种乐趣。

把技术教育和人文性的通识教育对立起来是错误的。缺失了人文性的通识教育，技术教育是不完整的；离开了技术教育，人文性的通识教育也不可能存在。任何教育都离不开这两方面，也就是既要启发智慧，又要传授技术。通俗来讲，教育就是要培养知行合一的学生，既懂理论知识，又能实践操作，相辅相成。正所谓“纸上得来终觉浅”，单纯的理论教学并没有多大意义，特别是对孩子而言，头脑里的创造性想法需要尽快付诸实践。就像当学习几何和力学的时候，如果能辅助以工厂车间的具体实习，会更容易实现教学目标，不然数学教育就真成了纸上谈兵了。

在一个国家的教育体系当中，有三种主要课程：文学课程、科学课程和技术课程，其中的每一种课程都应该包括其他两门课程的内容。任何一种教育形式都应该传授学生技术、科学、基本常识以及审美鉴赏能力，学生所接受的任何一种训练都必须和其他训练交相呼应、互相成全。由于时间上的限制，即使是最优秀的学生也难以完全掌握每门课程，所以要在教学中有所侧重。例如在通常情况下美育会被划分到技术课程当中，因为它着重训练掌握某些技巧或工艺，但在文学和科学课程中，美育也是不可或缺的内容。

文学课程的主要教学内容就是对语言的学习，学习如何用我们最常用的方法表达自己的心中所想。在学习过程中，从技术层面来说，我们要掌握语言表达的技能与方法；就科学层面来讲，我们需要研究语法的结构，分析语言表达和情感表达之间的联系。在语言的具体使用中，语言和情感之间存在着微妙的关系，书面语言和口头语言的熟练掌握都要求感官的精准发展，这一切都在传递着一种准确使用语言所带来的审美倾向。当然，文学课程还需要我们学习的就是那些名著了，它蕴含了丰富的人生智慧。

文学课程具有包罗万象的优点，它所包含的各个部分是相互协调、互为补充的。课程体系一旦建立起来，那么在所有课程当中就居于独一无二的独尊地位。同样这也是它的缺点，虽然语言表达有极其重要的价值，但过分强调语言的重要性会让我们无法做出准确而恰当的评价。不知道大家有没有注意到，近几十年以来文学和语言的作用在生活中慢慢衰减，不再是首屈一指的地位。要想真正地认识自然、顺应自然，就不能只学习文学课程，还需要学习更多的东西。

科学课程的本质在于训练学生掌握观察自然现象的方式与方法，然后去探究和推理产生这种自然现象背后的规律。和前面人文性的通识教育遇到的问题一样，科学课程也面临着时间不足的限制。需要观察的自然现象不计其数，每一种自然现象背后都有其相应的观察方式、研究方法和科学理论，所以我们不可能做到面面俱到，只需要学习其中两三门有代表性的、密切关联的学科即可。从这点上来说，那些指责科学教育狭隘和片面的言论也是有一定道理的。这种“指控”给我们提了个醒，我们要认真思考如何才能让科学课程在种种受限的条件下发挥其内在的优势，从而在教育过程中可以趋利避害，少走弯路，少犯错误。

这就引出了我们接下来要讨论的一个对象——技术教育。技术教育的本质是训练学生运用所学知识进行生产制造的能力，技术教育注重动手能力、手眼协调能力和操控生产过程的判断力，而且这种判断力源自对所学知识的熟练运用。因此，在技术教育中需要针对学生开展有关科学知识的教育。如果你忽视科学教育的作用，就会觉得那只是科学家们为之忙碌的工作，与普通人的生活风马牛不相及；可是如果你足够重视科学教育的作用，就会或多或少地传授给更多的人，影响面从普通工人扩展到企业的领导层，提升所有人的科学素养。

技术教育和科学教育在精神层面上貌似没有多少交集，可事实上并非如此。比如在培养一个艺术家或者是培训某种工艺的工匠的过程中，除了基础的知识介绍和手工实操外，审美素养也是必不可少的，这就属于精神的范畴了。

技术教育是理想人格得以全面发展的一个重要组成部分，而柏拉图式人文教育的一个重大缺陷就是完全忽略了它。究其原因在于两个根本性的对立观念：心智和身体的对立，思想和行动的对立。在此我要澄清一点，当时的古希腊人其实是很注重形体之美和体育运动的，只是由于普遍盛行的奴隶制度的局限，导致他们的价值观发生了扭曲。

我一直信奉这样一条教育的原理：在教育当中如果把心智和身体分离，把思想和行动分离，忘记学生是有血有肉的鲜活生命，那么我们的教育注定是要失败的，而这正是文艺复兴以来柏拉图式的教育模式的误区。但没有任何东西能阻止人类亲近自然，即使在英国的教育模式中把自然驱逐出教室，但是也不能阻止它以竞技体育的形式重返课堂，学生们在运动中达到了身心合一，回归到自然的怀抱，这更加证明了心智和身体的不可分离，思想和行动的不可分割。①

智力活动和身体活动的联系分布在人体的各个感官之中，但是主要集中在人体的眼、耳、手和口中。感官和思维是相互影响的，智力活动和身体活动也是相互协调的，手部在这种反应过程中发挥着尤为重要的作用。究竟是手的活动决定了大脑的活动，还是大脑的活动决定了手的活动，迄今还没有定论。但手脑之间的这种联系是紧密的、相互的，在某些特权阶级的家庭中，虽然不再从事具体的生产劳动数百年之久，也不见大脑和双手之间的紧密联系有显著的退化。

贵族们因为停止了手工劳动，这是造成他们头脑慵懒不清的一个原因。大脑的慵懒只有通过运动才能加以改善，然而在运动时大脑活动会降到最低程度，也缺乏精细的手工活动等方面的教育。对于一些需要经常书写和演讲的专业人士来说，这些活动其实带给他们大脑的外部刺激比较轻微。而那些只善于读书却排斥一切其他活动的人来说，他们并不以头脑敏锐而著称，被动阅读并不会带来什么成就。相反，他们往往思想保守，墨守成规，一部分原因是他们学习了过多的知识，导致思维能力严重不足；还有一部分原因是缺乏手工活动、演讲表达这些感官活动的刺激，导致反应迟钝。

在评价技术教育的重要性的时候，我们必须摒弃一个错误观点，即学习只是书本知识的学习。通过感知外部事物而获得的直接知识才是智力发展的基础，而从书本上获得的知识大部分都是间接的二手知识，远不能与从直接

---

① 原文为："But nature can be kept at bay by no pitchfork；so in English education，being expelled from the classroom，she returned with a cap and bells in the form of all-conquering athleticism."

经验获得的一手知识相提并论。我们受教育的目的就是要将生活中的直接事件视为抽象概念的一般实例。学术界为我们提供的也是一些零散的二手信息，这些信息又是从其他的二手信息中总结出来的，这种方法导致知识界的观念平庸无奇，因为没有经受事实的严格检验。弗兰西斯·培根①最重要的影响不在于他提出了科学归纳法，而在于他勇于举起大旗打破二手信息的束缚，主张通过科学实验来获取最真实的知识。

科学教育的优势在于将思想建立在直接观察的一手信息的基础上，而技术教育的特点是遵循我们内心深处的自然本能，把思想转化为手工操作，又从手工操作中获取思想。

科学唤醒的思维是逻辑思维，这种思维模式可分为两种方式：发现未知事物之间的逻辑和已发现事物之间的逻辑。

在发现未知事物之间的逻辑思维模式中，我们要权衡事件发展的概率，剔除不相关的细节，根据所发生的事实推测一般规律，还要设计合适的实验来验证规律是否真的成立。这种思维方式也就是我们平时所说的归纳的逻辑。

在已发现事物之间的逻辑思维模式中，我们通过推理演绎的方法来验证具体特殊事件，判断它的发展是否遵循了既定的自然规律。因此，当这些自然规律被发现或假定时，其应用就完全由演绎逻辑来决定，没有演绎逻辑，科学就变得毫无价值，只会成为一种从特殊上升到一般（也就是归纳）的游戏，除非我们把这个顺序颠倒过来，再从一般下降为特殊，上升和下降就像

① 弗兰西斯·培根（Francis Bacon，1561—1626），英国哲学家，英国唯物主义和现代实验科学的始祖。主要著作有《论科学的价值和发展》《新工具》《新大西岛》等。他让人们开始以科学的方法认知世界。

天使上下攀爬雅各的梯子一样。① 当牛顿发现了万有引力定律以后，就立即开始计算地球对其地表之上的苹果的引力、地球对月球的引力，这是他对这个伟大定律进行归纳验证的关键一步，因为没有演绎逻辑，归纳逻辑也就不可能成立。

由此看来，数学其实就是演绎推理逻辑中较为复杂的部分，尤其是涉及数值、数量和空间的时候。

在科学教育中应该教授思维的艺术，即如何在头脑中形成清晰的概念并付诸实践，以此来获得直接经验；如何有效地提出假设并进行验证，以及如何应用一般性的真理去解决个别特殊问题。此外，也需要培养学生科学表述的能力，让人很容易从纷乱的观点中梳理出重点，主次分明、条理清晰地说明相关的问题。

当我们全面教授了某门学科或是几门相关科学课程后，并且在给学生的教学过程中着重关注了培养思维的方法后，我们就可以在很大程度上避免教育过程的片面化和专业主义的倾向。通常情况下，科学教育是基于一两门科学课程的，其中最大的弊端就在于老师会受到考试制度的影响，为了应付考试往往只会向学生灌输那一两门课程中利于考试的知识，这就让教学过程变得相当狭隘了。在科学教育中，我们要充分认识科学方法的普适性，并能与个别问题的特殊性相互关照。如果一个人只了解自身所学的那门科学知识，

---

① 雅各的梯子（Jacob's ladder）出自《圣经·旧约》中的创世记。雅各在梦中见到一个巨大无比的天梯，神灵在这个梯子中间上来下去。在雅各从睡梦中醒来后他就开始相信神的存在。梯子代表通往神圣的方式，开启幸福的阶梯，也暗含唯有亲眼看到、亲耳听到才会相信一些事物。

自以为是地认为学科中出现的特殊性就是学科本身的常态，那他其实不是很懂这门学科。这样的人就会缺乏思维的深度和广度，无法快速地捕捉到两个不同观点之间的联系，在面对实际问题的时候会不知所措，无从下手。

如何从事物的特殊性中展示普遍性，这很困难，尤其是对于低年级的学生而言。可教育的艺术本身就不是易事，若要克服科学教育中的这个困难，特别是基础教育阶段的困难，的确需要非凡的智慧和艰苦的努力付出。从某种程度上来说，教育培养的正是人类的灵魂。

在教育过程中如果教育方法得当，数学应该成为一种帮助学生逐渐树立一般观念的最有力的工具。数学的精髓就在于不断地舍弃那些具体的、特殊的概念和方法，保留那些普适的、一般的知识和方法，循序渐进地强化这种特殊到一般的思维方式。比如我们可以用一个方程式去解决一类特殊问题，同时这个方程式也可以解决数百计的类似的不同学科的问题。总之，从普适的到一般的演绎推理是最强有力的推理，因为演绎规则的有效性是根据抽象思维的固有属性所决定的。

对数学课程而言，如果我们仅仅只是让学生记住一般原理，那就会毁了数学教育本身。一般的原理是为了连接特殊结果的途径，我们学习一般原理也是为了解决具体的问题，所以当我们运用数学解决问题的时候，给出的结果越具体越好，而采用的方法则是越一般越好。推理过程的本质就是从特殊性中归纳出一般性，再从一般性中演绎出特殊性。没有了一般性，就无所谓推理本身，而脱离了具体性，推理就毫无意义可言。

技术教育的优势就在于其具体性，我要提醒诸位的是缺乏高度普遍性的原理不一定等于一个具体的事实。比如，数学公式 $x+y=y+x$ 就比 $2+2=4$ 这个代数原理更具有普适性，但是2+2=4本身就是一个非常概括性的命题，不含任何具体成分。要想获得一个非常具体的命题，就必须对特殊的客体有直观的认识与领悟。比如你对苹果有直接的感知和直觉的印象，那么“这两个苹果加上那两个苹果等于四个苹果”就是一个具体的命题。

只有技术教育才能把一般原理转化到具体运用中，从而避免所学知识仅仅停留在字面上，变成一堆空泛而无意义的内容。在一个人的心智发展过程中，仅有消极被动的观察是远远不够的，只有自己动手去创造才能对事物的特性有生动而深刻的认识与理解。如果想要有所理解，那就必须事必躬亲，亲自动手去实践，这是一条王道。只有在具体实践中，一个人才可能尽情施展他的才华与能力，思维也会因为行动的不断调试而变得更加活跃敏锐，判断力与思维力也会因实践开展带来的检验和校正变得更加高效与准确，因为你观察和理解了这些知识背后的深度与广度。

实际上在小学教育中，我们一直以来都非常强调动手能力的培养，小朋友们通过裁剪和分类等简单的手工操作来认识形状和颜色。这一做法虽然不错，但不是我想要深入讨论的。在对小学生的这种教育方式中，实践先于思考，活动先于认知，是为了让学生进一步形成观念。这对小学生来说是很好的学习方式，但是技术教育远不止如此，他的内涵要丰富得多。技术教育中的实践活动更具有创造性，是能够把学生头脑中的想法转化为现实的经验，是协调学生行动与思维的经验，是让学生通过思考产生假设，通过假设推演结论最终是否一致的经验。在技术教育中学生不但要理解理论在何处有用，还要用敏锐的洞察力去判断理论会在何处失去作用。

技术教育不是看似完美的柏拉图式人文教育的替代品，也不是为了生活而不得不学的谋生手段。一个人一生中所能学到的知识和拥有的能力都很有限，可以说我们所能得到的都是一些片面的知识和片面的能力。不过，有三条路可以指引我们朝着心智和个性的最佳平衡点迈步向前，它们分别是：文学教育、科学教育和技术教育。当中的任何一方都不可能孤立存在，否则会导致心智和个性在某些方面的缺失。但是如果在教育过程中机械地将这三方面混合在一起教授，学生们就只能获得一堆支离破碎的知识，相互之间缺乏有机联系，无法付诸实践。我们早就注意到传统文学的优势就在于它的所有部分都是相互协调的。不管是文学教育、科学教育还是技术教育，都应该有所侧重，都要在相互协调的情况下融入另外两种教育的相关内容。

我们需要注意一下技术教育的两个年龄段：一个是 13 岁，小学刚毕业；另外一个是 17 岁，校内技术教育结束，如果学校开设这门课程的话。要培养一个普通技工，在初等技工学校学习三年的时间应该就可以了，可要是培养海军军官或者管理人才，那就得花费更长的时间。总的来说，我们在技术教育中要有效地达成课程目标，保证学生们在 17 岁毕业的时候能够学有所成，服务于社会。

在技术教育中，学生的手工技能训练应该从 13 岁开始，并且要保持手工技能训练在总课程中的比例，这种训练最开始占比可以少些，但应该逐年增加，最终达到很大的一个比重。最重要的是这种训练不能过于专业化。针对某一特定行业的手工训练，如果能在车间完成加工工艺和操作流程，那就直接在车间进行现场教学，而不应该成为构成学校教学内容的主要部分，而且在实地手把手地教学，学生会更迅速地学会相应的技能，远比照本宣科高效得多。所有教育失败的主要原因就是理念的僵化与陈旧。如果认为技术教育就是向年幼的孩子传授一种高度专业化的手工技艺，那就大错特错了，而且注定是要失败的。实际上，国家需要劳动力的合理流动，这种流动不仅是指地理方位的从一个地方到另一个地方的流动，还是基于劳动力的综合素质的考虑下在相同技术工种的范围内，从一个特定工种到另一个特定工种的转换。我并不是主张一个工人不断地更换工种，大家不要误解，具体怎么换也不是我们这些教育工作者所要关心的问题，应该去问他们的工会。我想强调的是技术教育中我们教给学生的知识技能应当比他们最终毕业以后所要投身的具体专业要宽要广，这样孩子们才有能力去适应复杂多变的现实需求，这样对工人、对雇主、对国家都有益。

技术教育的课程体系应该综合设置，各学科之间要遵守协调性原则。一般来说，与手工训练有密切联系的若干科学课程都要设置进去，不应该单单只设置某一门科学课程。即便与手工训练有直接联系的课程较少，也不能局限在单一狭隘的思维当中。如果我们不追求很细致的分类，根据技术教育所关联的科学门类，我们大致可以将它划分为 6 种类别：（1）几何；（2）机械工程；（3）物理；（4）化学；（5）生物；（6）商业和社会服务。

这样的分类意味着，对于大多数职业训练而言，除了要学习某些所从属的学科外，还需要学习专业化的学科。例如，几何可以指导木工工艺、五金工艺和其他手工艺的技术教育，生物可以指导农业技术教育。而像烹饪、餐饮这一类的技艺可能需要生物学、物理学和化学这样的理论知识，当然我无法精准地做出判断。

诸多学科中和商业与社会服务相关的，一部分是代数，包括算术和统计学，另一部分是历史和地理。虽然这些学科和科学的紧密度各有不同，但不管如何我们还是要依据学科的具体情况对技术教育进行细致的分类。问题的核心在于经过思考我们会发现一些核心课程几乎可以适应大多数职业的要求，这点也很好理解，我们国家的很多技术学院和初级技术学校在目前的课程设置中就做得很好。

当我们把目光从科学转移到文学后会发现科学知识对于技术教育很重要，文学知识也同样重要，而且很多学科中这两种知识都有所涉及，比如历史和地理就是介于科学和文学之间的科目，它们在教育中都是必不可少的部分，当然前提是历史知识和地理知识都是准确无误的。此外，描述性介绍一般结果的书和展示不同学科中的科学思想的书都同属于一个范畴。这类书籍既是在叙述历史，又是在阐明科学定理，当我们讲授科学知识的时候也不能忽略其人文和历史背景。科学知识在教育中的价值取决于其在教育过程中对学生智力发展产生了怎样的激励作用，不能因科学的奇闻逸事来夸大它们的作用，要以更广阔的视野来思考他们在教育中的地位与作用。

遗憾的是除了语法学习之外，我们很少会考虑教育中的文学要素。造成这种现象的历史原因是现代柏拉图式的人文教育是以拉丁语和希腊语为语言基础的，并以此来汲取古典文献的营养，他们被认为是开启文学殿堂的钥匙。其实研究古典文学和学习语法之间并没有必然的联系，因为在那些亚历山大[①]的语法学家们出现之前，古希腊文学的黄金时代就早已不复昔日的荣光了，

① 亚历山大，埃及最大海港，以古代亚历山大（大帝）的名字命名。有西方古代史上颇负盛名的亚历山大城图书馆，是古希腊文化的中心。

而要想去聆听古希腊先哲的教诲就只能跨越历史的长河回到伯里克利[①]时代了，所以研究古典文学的学者与伯里克利时代的雅典人不可等而视之。

当然，我们绝不能仅仅满足于让学生学到一些纯粹的文学知识，学习什么并不重要，重要的是如何学习。文学的价值所在，是为了展现我们的内心世界，构筑我们内心的精神王国。[②] 因此，在技术教育中教授的文学就是为了让学生获得情感的快乐。他们从中学到了多少文学知识并不重要，他们可以从文学欣赏中感受到精神的愉悦才是至关重要的。可是在某些著名的英国大学里，学生们学习莎士比亚的戏剧仅仅是为了应付这门课的考试，可以说这样学生从文学中获得的快乐体验就被无情地剥夺了，那些大学简直应该因谋杀了学生的灵魂而被指控。

精神上的快乐有两种：创造的享受和放松的享乐，当然二者并不是严格意义上完全分离的。一个人如果换了工作，就可以同时拥有这两种乐趣并使这种乐趣最大化。文学欣赏其实也是一种创造过程，华丽的辞藻、鲜明的节奏和优美的韵律，这些都是外在的刺激，所唤起的想象和情感的共鸣才是内在的。[③] 除了我们自己，没有任何人哪怕他是天才都无法让我们自身的现实生

---

① 伯里克利（Periclēs，约前 495—前 429），古雅典政治家，其主政期间被认为是希腊古典文化发展的顶峰时期。

② 原文为："Mere literary knowledge is of slight importance. The only thing that matters is, how it is known. The facts related are nothing. Literature only exists to express and develop that imaginative world which is our life, the kingdom which is within us."

③ 怀特海此处对文学的看法让译者联想到朱自清先生诗歌创作的“三美”理论，即建筑美、音乐美、绘画美。建筑美强调在诗的内容和诗的格式上拥有美，属于视觉形象。音乐美指创作从听觉方面所表现出来的美，包括节奏、平仄、押韵等的和谐。绘画美是在词语选择与使用上的视觉美，要有象形文字的色彩感。

活灵动起来，使我们的精神之树丰盈而饱满。人在工作中难免有压力，除了文学创作者以外的人都可以从文学中获得身心的放松，帮我们缓解压力，同样艺术也有着缓解压力的功效。

放松或者休息的快乐很容易得到满足，只要停止工作就可以办到。这种单纯的放松与休息是快乐的必要条件，也是健康的基础。在人们需要放松休息的时间里，人们通常不会纵情娱乐，更多地会选择闷头大睡。创造的快乐是我们付出努力而获得成功之后的结果，并且是最开始需要他人的帮助才能获得。尤其是对于快节奏高效率的工作和强调创造性的工作来说，这种快乐体验就显得尤为必要了。

一味地追求生产进度而牺牲工人的休息时间，短时间内可以带来暂时的成功，但是对于整个国家而言是得不偿失的。因为当工人们身心受损而彻底丧失劳动力的时候，国家就得负担起他们以后的生活。同样，如果让工人进行一段时间的高强度工作，然后再让他们彻底放松，这也是不科学的。如果不进行有效的控制，彻底放松会埋下技能退化的种子。正常的休闲应该是变换活动方式，这才符合人们身心的需要。游戏就是一种很好的休闲方式，可以让人暂时从工作中脱离出来，但是过度沉迷也会造成精神空虚、体力虚耗，要把握好尺度。

从这个意义上来说，文学和艺术对于一个国家的健康和有序发展起着至关重要的作用，它们对经济生产的服务作用仅次于饮食和睡眠这样的基本人类需求。当然我并不是在讨论培养一个艺术家的问题，而是讨论如何将文学和艺术运用到我们的生活之中营造一种健康的生活方式。艺术之于生活，就像阳光之于万物一般须臾不可离也。

一旦我们从观念上摒弃了“索取知识”的论调，在帮助学生提升艺术修养方面就不会觉得是件很难的事情，也不会花费甚巨。我们可以每隔一段时间带孩子们去附近的剧院看一些适宜的戏剧，政府可以给予剧院一定的补贴，也可以采用同样的方式去看电影和听音乐会。虽然画展可能对于孩子们的吸引力不大，但是异趣横生的图画或者耳熟能详的内容应该可以激起他们的兴趣与共鸣。此外，应该鼓励学生亲自尝试艺术创作，首先可以培养学生大声朗读的习惯，例如艾迪生①在《旁观者》上关于柯弗利绅士的系列散文随笔就是特别适合学生朗读的范本。

文学和艺术不仅间接地赋予了生命以活力，更重要的是还给我们带来了对生活的美好憧憬。虽然这是一个物欲横流的世界，但人们的生活还需情感的慰藉和心灵的互动。有了对美好生活的憧憬，才能有对情感和心灵的抚慰。② 世界上各个民族之间的竞争绝不是在战场上的厮杀得来的，而是在工人的厂房里决定的，谁的工人训练有素、充满活力，谁就将取得最终的胜利。而艺术教育无疑可以营造一个有利于工人干事创业的成长环境，因此也是其中不可或缺的一项基本条件。

如果时间允许的话，我还想说说其他问题。比如呼吁在教育体系中增加

---

① 艾迪生（Joseph Addison，1672—1719），英国散文家、诗人，期刊文学的创始人之一。艾迪生的名字在文学史上常常与他的好朋友斯梯尔一起被提起，两人最重要的贡献是创办著名的杂志《旁观者》。他的名言“阅读之于心灵，犹如运动之于身体”广为人知。

② 原文为：“Art and literature have not merely an indirect effect on the main energies of life. Directly，they give vision. The world spreads wide beyond the deliverances of material sense，with subtleties of reaction and with pulses of emotion.”

一门外语，据我观察，多学习一门外语对于想成为技工的孩子来说是没有什么问题的。至于具体的教育原理，我在前面已经说得够多的了。

最后，让我们来重温一下本笃会的思想。教徒们把知识、劳动和道德精神相结合，挽救了正在消失的古代文明。我们现在所面临的一个重复观念就是把现实世界看得太过丑陋与黑暗，好像只有忘却理想全力以赴直面现实才可以取得成功。但我认为这种观念是错误的，这是已被实践检验并直接否定了的伪命题。在教育中，这种错误的观念表现为对技术教育的轻视。回溯既往，当我们的先辈身处文明衰败的黑暗时期依然高擎理想的大旗，赋予平凡的劳动组织以伟大而崇高的理想，克服万难，开拓创新，从而将自己从黑暗时代拯救了出来。时代赋予了我们新的任务，我们不应固步自封，应该勇于创新，才能找到成功的路。

第五章　古典文化[1]在教育中的作用

（1923 年发表在《希伯特》杂志上）

在英国，古典文化的未来不取决于它能给一个从事古文献研究的优秀学者带来多大的愉悦感，也不是由古典文化能给学者所提供的学术训练带来多大的作用所决定的。几个世纪以来的经验已经证实，以古典文学和古典哲学为基础的教育使我们在接受人格熏陶的同时也收获了心灵的愉悦。如今的古典文化学者们不如他们的前辈一般热爱古典文化，但这并非古典文化面临危机的真实原因，古典文化所面临的危机来自教育体系本身。在过去，古典文化在整个高等教育中占有绝对优势，根本没有其他学科可以与之分庭抗礼、一争高下。于是，所有学生们在他们的学习生活中只能专注于古典文化的学习，也就在上了大学以后才有数学科目可以挑战它的权威，这种现象产生了一系列的后果。例如，为了满足学校教学的需求，出现了大量的古典文化学者，整个学术界都洋溢着古典主义的文化气息，古典文化方面的造诣成为评价一个人能力的代名词，好像不懂古典文化就没有能力，就没有未来似的，这使得任何有望在古典文化方面有所突破的学生们会自觉或不自觉地去培养这方面的兴趣，哪怕这并非他们的本心。然而，这一切现在已经永远消失了。

---

① 古典文化在西方语境里特指古希腊和古罗马时期的优秀思想作品。

打个比方，童谣里唱到的汉普迪·邓普迪①只要待在高高的墙头上，他就会完好无损，但如果掉下来，就会摔得粉身碎骨，而且谁也无法将他恢复原状。现在的教育出现了许多其他学科，每门学科又包含着能够引起人们广泛兴趣的各类课题，且相互之间存在着千丝万缕的联系，同时每门学科的发展过程也展示出天才们所具有的无与伦比的丰富想象力和洞察力。现实生活中的每一种职业都是需要有专门知识来支撑的，每个行业都需要一门或者几门学科作为技术支持。人的一生很短暂，人的大脑适合学习新知识的可塑性阶段就更为短暂了。因此，即使所有的孩子都适合学习古典文化，我们也不能先对他们进行系统的古典文化训练，然后再去学习其他学科的知识，这种教育制度从理论到实际是完全行不通的。

英国议会工作委员会中有一个研究“古典文学在教育中的地位”的特别委员会，我忝列其中。工作期间，我听到了很多牢骚，抱怨现在家长们的教育动机是多么的唯利是图。其实我觉得古人的教育目的未必就超凡脱俗，我们和先辈们在教育的功利性面前的表现相差无几。在过去学习古典文化是进身之阶时，人们对古典文化趋之若鹜。时过境迁，如今古典文学变得无人问

① 汉普迪·邓普迪（Humpty Dumpty），是英国童谣中一颗拟人化的鸡蛋。他从墙上跌下来后摔得粉碎。歌谣隐喻的是位高权重的人本质上只是一颗摇摇欲坠的蛋，从高处跌落就会粉身碎骨，权势和金钱也无法改变这颗蛋的命运。此处指一经损坏便无法复原的东西。

律。亚里士多德[1]曾经说过，丰厚的收入才是知识生活应有的回报。[2] 我想说亚里士多德作为一个父亲，他的这种教育动机让现在公立学校的校长听后会不会感到惊讶？以我对于亚里士多德肤浅的了解，他说这话肯定有自己的考量。如果时空倒转，让亚里士多德和现在公立学校的校长们就这个问题展开一场辩论，根据历史的经验来看，胜者肯定是亚里士多德。一直以来我都在试图力求全面地审视古典文学在当今课程体系中的衰退给教育带来的影响，结论是古典文化的命运将由未来几年我们国家的中学教育所决定。不出一代人的时间，不管愿意与否，那些著名的公学都必须顺应这个时代的教育潮流。

90%的学生在 18 岁毕业离开学校后，不会再阅读一本古典文学原著，而对那些在 18 岁以前就已离开校园的学生而言，这个比例会高达 99%。我曾经听过也读过一些学者的描述，他们坐在扶手椅上悠闲而安静地阅读柏拉图或者维吉尔的作品，从这样的古典名著中源源不断地汲取着精神食粮。但是现在的年轻人似乎做不到静下心来潜心阅读一两本古典名著，所以我们必须打一场古典文化的保卫战，这关系到 90%的学生所学习的古典文化课程。如果在教育课程体系中把古典文化剔除出去，那剩下的 10%的学生也不会再有感受古典文化魅力的机会了，学校里面也不会有古典文化的专业教师，这个问题迫在眉睫。

---

① 亚里士多德（Aristotle，前 384—前 322），古希腊百科全书式的哲学家、思想家。他和柏拉图、苏格拉底一起被誉为西方哲学的奠基者。

② 原文为："Was it not Aristotle who said that a good income was a desirable adjunct to an intellectual life?" 中国古先哲管子也有："仓廪实而知礼节，衣食足而知荣辱" 的说法，尤其在古代社会，教育与思想生活往往是贵族才能享有的特权。

然而，如果由此就认为古典文化在学术界广受非议，或者认为古典文化被关心教育水平和生产效率关系的工业界领导们所诟病，那就大错特错了。就教育中的古典文化这一主题，我曾经参加过多次公开或私下的讨论。最近一次会议是在一所非常著名的现代化大学的一个颇为重要的委员会上进行的，那是一次简短而热烈的讨论。来自科学院的三名代表满怀激情地强调了古典文化的重要性，他们认为古典文化是科学家们学习科学的基础学科。我之所以提到这件事，是因为我的亲身经历就是一个极好的例证，要知道我本人就是一个科学家。

我们必须牢记，学生学习的时间是有限的，这是制约教育发展的一个重要因素。如果玛士撒拉①没有学到足够渊博的知识，那一定是他自己不用心或是老师不尽职。我们面临的任务是如何利用好中学阶段这五年的学习时间，充分、系统地向学生传授古典文化知识，因为古典文化学科是最有可能快速高效提升学生智力品质的学科，这一点是别的学科很难做到的。

在古典文化的教育中，我们通过深入学习语言来培养逻辑学、哲学、历史和鉴赏经典文学作品的能力。学习语言——拉丁语或希腊语，只是达成长远目标的辅助手段。一旦目标达成，我们就可以停止语言的学习，除非有进一步学习的必要和意愿。在实际的教育情境中，我们往往会发现分析语言的成分和结构对于一些极其聪明的学生来说并不是培养他们综合能力的良好途径。相反，他们可能会对一只蝴蝶或是一台蒸汽机更感兴趣。他们也会在自己的专业领域有所成就，对于那些有着生动的领悟能力和创造性思维的天才

① 玛士撒拉（Methuselah）是《圣经》中的人物，传说活了969岁，是世界上最长寿的人。

来说，更是如此。对于这些学生来说，抽象的语言学读物无法激发他们的思维，他们反而经常会因为一些无关紧要的细节知识产生困惑，远不如亲身实践来得生动和直观，更能激发他们的创新意识和领悟能力。

但是总的来说，学习古典文化的必要途径就是对语言成分和结构的分析，对于学生们来说这是掌握古典文化最为普遍的方法，也是所有老师们教授古典文化知识最行之有效的一种方式。

有时候我会反思自己，如果想让孩子们学习逻辑学，为什么不直接就教给他们逻辑学呢？显然，这不是更易操作的方式吗？我想起了不久前刚刚过世的奥多公学①的校长桑德森②——他的离去是我们无法估量的损失。他曾经这么说过：学生是通过对新旧知识建立联系来学习的③。这句话道出了教育实践的根本，学生通过领悟一个个具体、特定的事实来培养自己的领悟力，进而逐渐形成抽象的、一般的观念。从这个意义上来说，我们在教育中一定要避免向学生一味地灌输与个人经验无关的干巴巴的知识。

遵循这一原则——通过建立联系来学习，让我们来看看如何有效地帮助孩子们培养哲学分析能力。简单地说，要想让一个孩子的思考和表述具有逻

① 奥多公学是位于英国北安普敦郡的一所全日制私立学校，创办于1556年。桑德森任奥多公学校长期间，奥多公学声名远播。

② 桑德森（Frederick William Sanderson，1857—1922），英国教育改革家。1892—1922年间担任奥多公学校长，在学校建立实验室、天文台、图书馆、工场车间、实验农场等。他在奥多公学的改革对英国中等教育的课程和教学法产生了重大而深远的影响。

③ 原文为："They learn by contact." 根据学习心理学和脑科学的发展，人类的认知与学习是建立在原有知识结构基础上的，当新事物与旧知识产生的联系越多，学习进展越快。

辑性和准确性，光靠教材是不行的。一本逻辑学教材里的一般性陈述和孩子们面对的现实世界是没有任何直接联系的。这些内容适合一个成年人来学习，比如处于大学或接近大学水平的阶段更有效果。学习逻辑学的时候，首先要分析常见的英语句子的结构，时间长了不仅枯燥而且容易忽视语言的实质性内容，比如字词、短语在实际应用中的复杂含义和思维习惯的养成。可是如果是学习一门外语，情况就不大一样了，学生可以摆脱单调而枯燥的练习。他们会主动分析语言，更多地关注如何表达自己的意愿，试着去理解对方的意图和作者通过文字所要表达的内容及思想。每一种语言都蕴含着独特的思维方式，当学习外语时，学生们会察觉到和母语思维的差异，要引导他们去探索这种差异，并按照相应的思维方式去学习对应的语言。通常来讲，我们英国人可以尽早地让孩子学习法语，如果条件允许的话，可以请一位会说法语的保姆来照顾孩子，要不然只能等到在他们 12 岁进入中学的时候才开始学习法语。我建议在教授法语的过程中使用直接教学法①，让学生沉浸在法语的语言环境中，用法语的方式思考——不要翻译成母语。这样一来，即使是资质平平的孩子也能学得很好，并很快学会表达和理解一些简单的法语句子，这种收获是巨大的。不仅如此，语感也会随之生成，他还能掌握一种未来人生中很有用的工具，循序渐进地领悟到语言是一种有明确结构的工具。

当学生们有了一定的语言意识后，开始学习拉丁语更能够促进思维的发展。语言是一种结构，拉丁语的元素是非常清楚具体的例证。只要你的智力

① 直接教学法，外语学习法之一。主要特点是课堂上只用所学语言，让学生记住教师口授给他们的句型。教学过程中不用母语，教师借助一些直观教具、手势、戏剧效果以及许多其他手段来表达所学语言的意思。

发展到这个层次，就很容易发现这个事实。而在学习英语和法语的时候是看不到这一点的。一句文辞优美的英语可能会被直译成一句怪异生涩的法语，优美的法语也同样可能会被翻译为蹩脚的英语。地道的法语和生涩的法语之间的差别本该表现得明白清楚，但是这种差别对于目前尚处于这个智力发展阶段的学生来说，常常是相当微妙又不易察觉的，老师也很难用语言具体解释清楚。它们的语言结构相似，都有表述上的共通性与现代性。但是对比一下英语和拉丁语的语言结构，就会发现二者之间的差异虽然没大到无法逾越的程度但还是相当明显的。

有的教师认为拉丁语在中学比较受欢迎，我小时候就很喜欢拉丁语，我觉得拉丁语备受青睐的原因是在学习过程中能够感受到思想的启蒙，有茅塞顿开之感。拉丁语的词汇，有时候会以不同于英语或法语词汇的形式嵌在句子中间，并带有不同的内涵。拉丁语在某种程度上是一种比英语更原始的语言，有的拉丁语单词几乎是一个英语句子。

这就引出了我的下一个观点。在我列出的拉丁语给我带来的馈赠中，我会把哲学放在逻辑学和历史学之间。我认为这个定位很恰当，因为拉丁语启发了我们的哲学思维，它穿梭于逻辑学和历史学之间，并使二者变得更加丰富而立体。在拉丁语的学习过程中，学生经常要做翻译练习，把英语译成拉丁语，把拉丁语译为英语。在翻译的过程中，这种思维的分析使学生获得了逻辑学的必要体验。如果一个人长大以后从事的是学术研究工作，那么他应该感谢上帝让他在中学阶段接受了系统的拉丁语训练：在五年的中学时光里，每周写一篇拉丁语作文，每天翻译一些拉丁语文章。这样通过建立联系进行学习是一门学科入门阶段最适合的学习方式。对大多数人而言，体验式学习最直接的工具就是语言，语言是对思维活动最直接的刺激，从学习英语到法语再到拉丁语，间或学习几何和代数，一个人的教育过程就迈向了启蒙的大道。对于我坚持的这个一般原则，我可以引用柏拉图的权威理论来论证，我想这里不需要再做进一步阐释了。①

接下来让我们从思维的哲学转入历史的哲学，我再次引用桑德森校长的名言：学生通过建立联系学习新知识。那么一个孩子是如何通过建立联系来学习历史的呢？难道是通过接触那些原始文献、宪章纲领、法律文书和外交公函吗？显然不是。那些原始资料对于一个孩子来讲简直就是天书，晦涩难懂。千年之前的马拉松战役②的细节我们不得而知，但可以从现在的一场足球比赛中隐约感知到大概的进程。因为无论是哪个时代或是哪种环境，人类生活都具有一些共同的特性。此外，我们现在如果让孩子们死记硬背有关外交的、政治的历史材料，其实只会让孩子们得到比较狭隘的历史观。我们真正教给孩子们应该关注的是影响人类历史发展进程的价值观和思想的传承，还有审美意识的改变以及民族情感的流变等，这些东西深刻影响和改变了人类的历史。比如我们可以通过罗马帝国的兴衰研究欧洲文明的过去和现在之间的联系。对于欧洲文明来说，打开历史之门的钥匙就是理解罗马精神和罗马帝国的成就。

拉丁语，以文学的形式展现了罗马帝国的历史变迁，承载着罗马帝国的

---

① 原文为："I need not remind my readers that I can claim Plato's authority for the general principle which I am upholding."

② 马拉松战役，公元前490年秋季爆发的战役，雅典人以少胜多击退了波斯军队的入侵。为了告诉人们胜利的消息，雅典青年菲迪皮茨从马拉松跑回雅典广场。这也是马拉松赛跑的由来。

思想观念，我们可以从中找到最简单的材料，并通过这些材料获得对人类历史发展潮流的辨识能力。考察英语、法语和拉丁语之间的联系，本身就是一种历史问题的哲学探究。通过分析英语和法语的差异我们可以看到，英语完全切断了与不列颠古代文明的联系，转而逐渐吸收了更久远的地中海文明的典雅词汇和短语。相比之下，法语即使在有剧烈文明冲突的情况下仍保留了文明发展的连续性。对这些问题，我不想故作高深的赘述，事实本身就能说明这一问题。在以英语为母语的基础上，如果初步掌握了一定水准的法语和拉丁语，我们就可以通过现实生活中的语言联系去了解欧洲的历史发展进程，而不是仅停留在文字表面肤浅的理解上。每个民族的语言都是本民族在使用该语言过程中的精神意志的体现，表达了人们生活中的所思所想，每个短语、每个词汇都来源于人们耕田种地、养儿育女和建设家园时的某些习惯性思维。所以严格意义上来说，不同的语言之间不存在真正意义上完全匹配的对应词汇。我所有的论述都是基于这一主旨，迫切地想唤起大家对它的重视。英语、法语和拉丁语之间形成了一个三角关系，英语和法语占据着两个顶点，是现代思想意识的两种主要表现形式。而它们和第三个顶点也就是拉丁语的联系，揭示了现代文明和古代地中海文明之间两种不同的发展演变路径。这是语言文化的基础三角，从时间和空间上体现了现在和过去的对比与差异。这就是为什么一再强调学习法语和拉丁语的重要意义，因为通过建立联系学习逻辑的哲学和历史的哲学，最容易的方法是学习这两种语言。没有这些深刻的亲身体验，那些所谓的思维分析和行为记录不过是浮光掠影罢了。① 当然，我绝

① 原文为："Apart from some such intimate experience, your analyses of thought and your histories of actions are mere sounding brasses."

不是说这种教育方式是最简单、最适合大多数孩子的，毕竟每个人看问题的侧重点不同，但我始终认为这种教育方式是最有效的，因为它经历过实践的检验。因此，需要对现行的教育方式进行改革以适应时代的变化和当前的需要。总的来说，文学教育的基础既包括人们对传统文化的透彻理解，还要有众多造诣精深、经验丰富的教师，所以综合来看在实践中实现文学教育的目标是可行的。

大家也许注意到了，我不曾提过有着辉煌历史的古罗马文学。当然，拉丁语的教学必然要与学生一起阅读拉丁文著作来实现。罗马文学拥有很多富有感染力、创作活力的作家，他们从不同侧面充分展现了罗马帝国的历史风貌和精神生活，更是吸收借鉴了古希腊优秀的哲学传统。但是他们之中缺少星光耀眼的创作天才，因为他们只关注自己国家的事情，很少触及别的民族和民族之间的差异性。除去卢克莱修①，罗马作家的笔下总能让人感到某种局限性。比如塔西佗②的作品表达了罗马元老院顽固派的观点，而对罗马行省执政官的成就视而不见，所以他看到的只是希腊式的民主制逐步取代了罗马贵族制这一单方面的历史。罗马帝国以及创造它的罗马精神耗尽了罗马人的聪明才智。当对人世间发生的事失去了应有的关注时，罗马文学难以找到通往文学天堂的路。③ 天堂里的语言可能是中文、希腊语、法语、德语、意大利语和英语等，天堂里的人们将会使用这些精致的语言愉快地探讨着对于永恒生

---

① 卢克莱修（Titus Lucretius Carus，约前 99—约前 55），古罗马诗人和哲学家。著有哲理长诗《物性论》。

② 塔西佗（Publius Cornelius Tacitus，约 55—约 120），古罗马历史学家，曾担任古罗马元老院议员。著有《历史》和《编年史》。

③ 怀特海在此探讨了文学的永恒性与时代性的问题。

活的精致描述。他们将对希伯来文学中所描述的与已经消失的恶魔做斗争时表现出来的虚伪道德热情心生厌倦，也同样对罗马作家把古罗马广场错当成上帝的脚凳[①]心生厌倦。

我们教授拉丁语并不是希望那些被阅读的原著成为学生们的终身伴侣。显而易见，英国文学更加伟大，它内容丰富、思想深邃、美妙绝伦。如果你具有哲学家的鉴赏力和品位，你会为了西塞罗[②]而放弃培根、霍布斯[③]、洛克[④]、贝克莱[⑤]、休谟[⑥]和穆勒[⑦]这些大家吗？当然不会，除非你是喜欢马丁·塔珀[⑧]这种水平的作家。如果你想了解芸芸众生对五彩斑斓的不同生活状态的反思，以及人物对环境的不同反应，你愿意用莎士比亚和其他的英语文学家

① 上帝的脚凳源于《圣经》里的概念，意思是说天是上帝的宝座，地是上帝的脚凳。善恶的判断权在上帝手中，人不可狂妄僭越神的权利。

② 西塞罗（Marcus Tullius Cicero，前106—前43），古罗马哲学家、政治家、演说家。代表作有《论国家》《论法律》《论神之本性》。

③ 霍布斯（Thomas Hobbes，1588—1679），英国哲学家和政治家，欧洲启蒙运动时期的杰出人物，英国理性主义传统的奠基人，是近代第一个在自然法基础上系统发展了国家契约学说的启蒙思想家。

④ 洛克（John Locke，1632—1704），英国哲学家、经验主义的开创人。洛克在教育方面提出了著名的“白板说”。《教育漫话》是他的教育代表作。

⑤ 贝克莱（George Berkeley，1685—1753），英国哲学家、科学家。与洛克和休谟被认为是英国近代经验主义哲学家的三位代表人物。

⑥ 休谟（David Hume，1711—1776），英国哲学家。著有《人性论》等。

⑦ 穆勒（John Stuart Mill，1806—1873），英国哲学家、心理学家、逻辑学家和经济学家，古典自由主义最重要的代表人物之一。代表作有《论自由》等。

⑧ 马丁·塔珀（Martin Farquhar Tupper，1810—1889），英国作家、诗人。怀特海认为塔珀的水准与洛克、休谟不可同日而语。

去换泰伦提乌斯①、普劳图斯②或特里马乔的宴会③吗？还有我们的幽默大师谢里丹④和狄更斯⑤等，有谁会在读拉丁文著作时像读他们的作品一样开怀大笑呢？说到古罗马的西塞罗，作为一个伟大的演说家确实成绩斐然，他曾活跃在罗马帝国的辉煌舞台上。而在大英帝国的历史上也不乏指点江山、口若悬河的政治家。我不想再罗列一长串在诗歌与历史方面的杰出人物，这些都只是在表明我的立场，那就是：拉丁文学不是包罗万象的，它无法完整呈现人性中共通的所有要素，它很少能让人开怀大笑，也很少触及人性柔软的部分。

一定不要把拉丁文学同它所处的历史环境割裂开。希腊文学或英国文学善于表达人类共性的情感生活，而拉丁文学从某种意义上来说并非如此。拉丁文学永远只有一个主题，那就是罗马。罗马是欧洲文明的始祖，像伟大的巴比伦城一般，《启示录》⑥ 却也描述了其娼妓般的身世，并由此招来的惩戒：

---

① 泰伦提乌斯（Publius Terentius Afer，约前195—前159），古罗马喜剧作家。他的语言被奉为纯正的拉丁语典范。

② 普劳图斯（Titus Maccius Plautus，约前254—前184），古罗马喜剧作家。

③ 特里马乔是古罗马诗人佩特罗尼乌斯的讽刺诗歌中的人物，一个有钱但是很无趣的暴发户。他举办的宴会通宵达旦，这里“特里马乔的宴会”是针对这批暴发户的一种讥笑。

④ 谢里丹（Richard Brinsley Sheridan，1751—1816），英国剧作家。代表作有《造谣学校》《批判家》等。

⑤ 狄更斯（Charles Dickens，1812—1870），英国作家。主要作品有《雾都孤儿》《远大前程》《大卫·科波菲尔》。他的作品对英国文学发展有着深远影响。

⑥《启示录》见《圣经·新约》第十八章，巴比伦是耶路撒冷的原型，被描绘成一个女人。人们认为巴比伦暗指前基督教时期的古罗马。

> 因怕她的痛苦，就远远地站着说：哀哉，哀哉！巴比伦大城，坚固的城啊，一时之间你的刑罚就来到了。
>
> 地上的客商也都为她哭泣悲哀，因为没有人再买他们的货物了；这货物就是金、银、宝石、珍珠、细麻布、紫色料、绸子、朱红色料、各样香木、各样象牙的器皿，各样极宝贵的木头和铜、铁、汉白玉的器皿，并肉桂、豆蔻、香料、香膏、乳香、酒、油、细面、麦子、牛、羊、车、马和奴仆、人口。

罗马文明就是以这种方式呈现在早期的基督教徒面前的。但是，基督教本身就是古代文明世界的一部分，而这个文明正是经由罗马传到欧洲的。我们继承的是东地中海文明的两个方面：语言和宗教。

拉丁文学的功能在于向世人展示古罗马的情况。当谈到英国和法国时，如果你头脑中能够同时呈现出罗马文化的背景，那么就说明你已经打下了坚实的文化基础了。了解了罗马，我们可以回溯到地中海文明，因为罗马帝国是地中海文化中最华丽的绝响。这种了解也会自然而然地展现欧洲的地理概况以及海洋、河流、山川和平原的作用。这种学习在青年人的教育中很有裨益，它具体生动、激励行动、追求崇高。从这些拉丁作品中我们可以看出罗马人目标远大，品德高尚，手牵缰绳，驱动战车，惩处罪恶，立下功绩，[①] 但是他们的罪行也是骇人听闻的。道德教育离不开对伟大言行的耳濡目染。如

① 原文为："They had the saving merit of sinning with cart-ropes."

果我们不能成就伟大，那么我们做什么或结果怎么样都无关紧要。从这个意义上来说，真正的伟大是一种个体的直觉，而不是教化的结果。青年在改变宗教信仰的过程中，有一种自己是虫而非人的感觉，这并不妨碍人的伟大崇高。只要还保持对伟大崇高的坚定信念，这种坚定信念足以证明上帝的心灵惩戒是正当的。对伟大崇高的认识是道德的基础。我们现在正处于一个民主时代的开端，平等问题是必须面对的问题，不论那到底是要实现高水平的平等还是低水平的平等。今天比以往任何一个时代更需要青年去加深对罗马的理解：罗马本身就是一部波澜壮阔的戏剧，而启迪后世的哲学思想更是引人入胜。前面所讲的都是对拉丁文学作品的审美理解，而现阶段我们面临的是新形势下的古典文学教育改革问题。培养出色的古典文化学者困扰着古典文化教学。旧教育传统在学习的最初阶段一门心思地实施语言教育，然后寄希望于流行的文学环境来培育人们对文学的乐趣。然而19世纪后半叶，许多新学科进入课堂，侵占了古典文化的教学时间，导致时间被浪费在失败的语言学习上。我经常会想，为什么从英国众多的优质学校毕业的广大青年会逐渐丧失学习的热情，这是否就是由于古典文化教育带来的挫败感所导致的呢？为了取得理想且确定性的结果，学校的古典文化课程必须进行仔细的计划安排。以培养学术精英为主的雄心勃勃的学术理想之路，不乏太多的失败案例。

工作的艺术在于我们必须正确处理好两个因素的关系：尺度和速度。如果我们用显微镜来观察圣彼得大教堂①，那显然对它的建筑师来说是不公平的。如果我们以每天五行的速度阅读《奥德赛》，那只会让人感到枯燥乏味。

---

① 圣彼得大教堂是文艺复兴时代最宏伟的教堂建筑，位于梵蒂冈。

这个问题也同样适用于古典文化教育，我们的学生拉丁语还不够好，尚且不具备快速阅读的能力，而他们所需要学习的古典文化知识却浩如烟海，所以更有必要认真研究古典文化教育的尺度和速度问题，研究教育工作中不同部分的相互关系。比如迄今为止，我都不曾找到有关教育心理学的研究文献来解决或进一步阐释这个问题，难道这是共济会①的秘密吗？

我发现一个有意思的现象，一些大学者聚到一起，如果碰巧谈到了古典文献的翻译问题，他们在情绪和情感上就会表现得如同对着文人雅士谈论肮脏下流的两性话题一样，唯恐避之不及。作为一个数学家，我不觉得讨论这个问题会有辱斯文，所以我毫不避讳接着发表我的观点。

按照我之前展开的整个思路进一步分析下去，学习拉丁语有什么意义？我们学习拉丁语可以明白拉丁词汇的含义，知道语法结构以何种概念被连接，领会完整的拉丁语句并且明白那个语句对突出重点所做的贡献，这些都构成了我心目中拉丁语学习的根本价值。因此，任何教学过程中的混乱与方向不明，忽视语言准确性的模棱两可的讲解，都会使我向诸位呈现的整个教学目标落空。如果在教学过程中选择古典文化的译本作为教材，学生是可以轻易绕过语言的障碍，但是也错过了解读拉丁文原文的思考过程，这是个极大的误区。古典文化教育不只是教授古典文化知识，更是在培养学生准确而全面的思维能力，从而提高分析问题的精确性、准确性和独立性。

在古典文化教育中我们还面临着老生常谈的速度问题。学生们要在短短的四五年的时间里完成学校的所有课程，其中学习一首诗歌也要在限定的时

① 共济会，一个具有宗教色彩的秘密组织。此处怀特海是以幽默的语气表明教育界对教育心理、学习心理等方面的问题研究得还不够。

间内学完。可学习诗歌就要通过学习其中对比的表现手法、所展现的情境、情绪的转换等这些内容，最终让人们感受到诗歌中情感和意象的转变，这就需要和人的情感节奏变化相一致。这些都有它们的周期，不能超越一定的限度。即使是最优秀的诗歌，假如以蜗牛般的速度慢吞吞地去阅读，它也会沦为一堆垃圾。我们设想一下一个孩子在阅读古典文学作品时的状态：读到“此时”，停下来查查字典，然后继续读到“一只雄鹰”，再停下来查查字典，读完“一只雄鹰”，又停下来研究一下句子结构。如此这般的学习能让学生了解罗马吗？显然是不能的。所以通常情况下我们会找一个能尽量保留原著魅力和活力的译本，这样我们就能较为顺畅地阅读和朗读，还可以加上自己的批注。但是有人会批评这种学习方式，说它否定了拉丁文原著的价值，把活生生的艺术作品当作圣物高高供起来①。

无论如何，译本肯定不如原著，这也是我们一定要让学生学习拉丁文的原因。一旦掌握了拉丁文，他们就会以正常的速度阅读原著。所以，我主张在学习古典文化的初期可以通过译文迅速掌握大意，然后再通过拉丁语原文充分、准确地理解文章的内涵和深义。英国浪漫主义诗人华兹华斯②曾经批评科学家们“以解剖的名义犯下了谋杀的罪行”。相比他们，过去那些古典文化学者才是真正的罪犯。对美的渴望是强烈的，需要以敬畏之心对待。但是我要进一步说明，用来传递罗马精神的拉丁文学，要远远超过学生学到的。学生不应该局限于所学的拉丁文学，而应该多读一点维吉尔、卢克莱修、西塞

---

① 原文为：“Fied by the sence that it enshrines a living work of art.”

② 华兹华斯（William Wordsworth，1770—1850），英国浪漫主义诗人，被封为“桂冠诗人”。

罗，以及相关的历史作品。学生在研读一位作家时，所选的作品必须能够充分展示他的精神世界——虽然译文失去了用母语表述时的力量。不过，一点也不读作家的原文是个极大的损失与错误。

关于古典文化教育尺度方面的问题很大程度上和古典历史的呈现息息相关。学生们所要学习的东西都是些具体而鲜明的事物，这是由他们的学习心理所决定的。我们希望学生了解整个历史时期的特征，就必须让他们通过建立联系来学习，我们可以通过视觉的呈现来展示当时的社会场景，比如各种建筑图片、雕塑模型，讲述宗教神话和家庭场景的瓶饰和壁画，等等。通过这种方式，我们可以把罗马文明与前期的东地中海文明和后期的中世纪文明进行对比，在孩子们的头脑中留下历史的印记，使他们深刻地了解人们的服饰、住宅、技术、艺术和宗教信仰等方面是如何变迁的。在这一点上，我们有必要效仿动物学家的做法，他们将已有的动物制作成标本并展示，从而进行典型的案例教学，我们也可以用同样的方式进行古典文化的教学，通过展示文化样本来呈现历史的变迁。

人类生活是构建在科学、技术、艺术和宗教基础上的，这四个方面都源自人类的智慧，彼此有着千丝万缕的联系，尤其是科学和技术之间、艺术和宗教之间的联系更是紧密。离开这四个因素，就不可能真正了解任何一个社会组织。古代帝国统治和扩张的关键是掠夺奴隶，因为帝国的运转需要无数的免费劳动力，可现代一台蒸汽机就可以完成古代上千个奴隶的工作量。现代印刷技术的发明和广泛使用是现代民主制度发展的必要条件。现代文明精神的发展，伴随着科学不断进步带来的观念的转变和技术的发展。在古代，美索不达米亚和埃及依靠水利灌溉成就了他们的古老文明，而罗马帝国的辉煌依赖的是各种先进技术的运用，比如道路、桥梁、沟渠、隧道、下水道、建筑、商业团队、军事科学、冶金和农业等方面。可以说技术的应用就是罗马文明得以形成和发展的秘诀。我常常想：为什么罗马的工程师们没有发明蒸汽机？他们其实是有机会可以造出来的，如果那样的话，世界历史将会被彻底改写。我觉得可以把它归因于当时的气候条件，他们生活在温暖舒适的环境下，还没有引进茶和咖啡，也就没有沏茶、煮咖啡的生活习惯。而到了18世纪，人们习惯于围坐在火炉旁烧水，注意到了水壶里的水沸腾的现象。当然，我们都知道亚历山大的希耶罗①曾在这方面有过那么一点见解。罗马工程师们只是缺少注视水壶沸腾这个极为普通的过程，没有留下对蒸汽动力的深刻印象。

人类的历史发展依赖技术进步的推动，在最近的100多年里，先进的科学和发达的技术相互协作、紧密相连，共同开创了一个新的时代。

大约公元前1000年的时候，文字书写这种方式开始流行，人类历史上的首个文学时代也随之开启。在最初的起源阶段，书面文字主要用于僧侣经文、官方文书和编年史记当中。一开始是很难预见一种新发明的影响力的，即便是现在我们探索新事物的时候也是如此，更别说在遥远的过去了。在人类的历史发展过程中，新事物往往以一种不同的思维方式缓慢渗透到社会体系当中，然后催生出人们脑海中的新思想。为了方便记录，东地中海地区的人们掌握了文字书写这个工具。当希腊人和希伯来人掌握了逐渐成熟的语言文字时，人类文明开启了新的纪元。即使希伯来文明的影响被推迟了千年，直至

① 希耶罗（Hiero，10—70），古罗马数学家、工程师。他曾发明过一种以蒸汽为动力的装置。

基督教产生后才引起广泛的关注，但就在那时，他们的先知们已经开始用文字记录自己的内心思想。彼时，希腊文明才开始成型。

我想说明的是要想通过史料来论述有关罗马历史的来龙去脉，像旧式历史教科书那种长篇大论式的政治编年史是远远不够的，我们还必须利用模型、图片、图表和图纸等来展示技术发展过程中的典型案例以及他们对当前生活方式的影响。艺术教育也是如此，艺术体现了实用性和宗教性的巧妙结合，既表达了真实的充满想象力的内心生活，又通过艺术的表达来改变着人们的内心生活。孩子们可以通过模型和图片看到以往的艺术作品，也可以去博物馆看一些独特的实物展品，从而认识艺术的发展过程。总之，对于历史的学习不能开始于空洞的一般性的陈述，而必须从具体的案例入手，从一个时代到另一个时代、从一种生活方式到另一种生活方式、从一个种族到另一个种族，展现历史连绵不绝的发展历程。

当我们开始讨论东地中海的文学和文明时，我们必须同样要从具体的案例入手。只要你意识到这一点，古典文化重要性的所有要求就都落脚在一个基础之上——没有任何东西可以替代第一手的知识。希腊和罗马是欧洲文明的奠基者，所以历史知识首先就应该是关于希腊和罗马文明的第一手资料，必须把对罗马的理解置于它所处的历史背景下。我极力主张孩子们去读一些希腊文学的代表作品，当然读的肯定是英译本。但我宁愿选择希腊人写的英译本，也不要一个英国人写的关于希腊人的文字，不论他写得有多好。在掌握了一些希腊的直接知识之后，才可以开始阅读一些讨论希腊的书籍。

说起阅读希腊原文的译本，可以让学生读一读用诗歌体翻译的《奥德赛》；希罗多德[①]的经典作品；吉尔伯特·默里[②]翻译的戏剧中的一些合唱诗；普卢塔克[③]所著的若干传记作品，特别是关于阿基米德[④]在马塞洛斯[⑤]执政时的那部分生活；还有希斯[⑥]精准翻译的学术论著——欧几里得[⑦]《几何原本》中的若干定义、公理、命题。当然，在所选择的译文中，都要对原著当时所处的历史文化背景和作者的内心环境做出适当说明。罗马在欧洲处于重要的地位，是因为它留给了我们双重遗产。罗马文明接受了希伯来文明的宗教思想，又融合了希腊文明，然后传递给了整个欧洲。罗马文明就是这样融汇了各种丰富多彩的鲜活元素，博采众长又自成一家。例如，罗马法体现出罗马之所以伟大的奥秘，即虽然以钢铁般的严刑峻法为框架，但是也包含了斯多亚式[⑧]的那种对人性的理解与尊重。在历史的长河中，由于继承的文化遗产中

---

① 希罗多德（Herodotos，约前484—约前425），古希腊历史学家。史学名著《历史》一书的作者，西塞罗称其为“历史学之父”。

② 吉尔伯特·默里（Gilbert Murray，1866—1957），英国古典文学学者。希腊文教授，著有《希腊史诗的兴起》《希腊宗教的五个阶段》等。他用押韵的诗句翻译古希腊戏剧作品，再现古希腊诗歌的韵律。

③ 普卢塔克（Plutarchos，约46—约120），古希腊传记作家、伦理学家、哲学家。著有《希腊罗马名人比较列传》《道德论丛》等。

④ 阿基米德（Archimedes，前287—前212），古希腊数学家、天文学家、物理学家、发明家。

⑤ 马塞洛斯（Marcellus，前268—前208），罗马执政官。

⑥ 希斯（T. L. Heath，1861—1940），英国数学家、古典学者、古希腊数学史家、翻译家。

⑦ 欧几里得（Euclid，约前330—前275），古希腊数学家，被称为“几何之父”，是数学巨著《几何原本》的作者，也是世界上最伟大的数学家之一。

⑧ 斯多亚学派，古希腊罗马哲学学派，因在雅典集会广场的廊苑聚众讲学而得名，是有极大影响的思想派别，创立者芝诺被认为是自然法理论的真正奠基者。

有不可调和的巨大差异，曾经导致了欧洲的四分五裂，也正是由于传承自罗马文明的精神特质，使得欧洲又趋于统一。欧洲的历史其实就是罗马文明对希伯来和希腊文明的继承和发展，然后绵延至今。各文明之间存在着复杂的联系，内在的契合性促进了它们的融合，而差异性又推动了文明的发展，对宗教、科学、艺术、物质欲、权力欲等方面形成了激烈的碰撞，之后认知感情等方面又倾向于一体。所以，认识了罗马，也就理解了文明交融与碰撞后的统一性。

第六章 数学课程

（1912 年怀特海担任英国数学家协会伦敦分会主席的演讲）

当今的教育形势相当于几个世纪以前中世纪的教育传统逐步瓦解时的情况。如今，传统的教育与知识虽然还有很强的权威性，但是从知识与现实的关联度来看，传统的权威性知识已经越来越狭隘。为了适应人们思想的变化，储备利于学生未来生活的知识，我们必须对基础教育做出改革。纵观人类历史，每当出现一次思想意识的伟大变革，必然会伴随着一场教育革命。一方面是由于既得利益者的阻碍，另一方面是因为知识领袖因循守旧、墨守成规。教育革命也许会滞后，甚至拖延一代人的时间，但是历史发展的客观规律不可阻挡。教育要想鲜活、有效，就必须传递符合时代潮流的新知识，培养解决现实问题的新能力，这样才能跟上时代的思想潮流。

一个成功的教育制度不是凭空产生的，也就是说教育实践不可能脱离当下的社会环境与思想背景①。教育必须是现代的、与时俱进的，否则就会像所有生命一样，最终枯萎消亡。

但是只关注“现代”这个字眼并不能解决我们教育中的所有难题，在教育实践中要用现代的思想去传授现代的知识，培养现代的能力，这才算是现代的教育。从这个意义上来说，哪怕是昨天才刚刚出现的新事物，到了今天

① 教育即生活，教育来源于生活，和杜威的教育理念有传承关系。

未必是真正意义上的现代的事物了。昨天的新事物也许产生于过去所流行的思想体系里，因而显得陈旧且晦涩难懂。我们要求教育与现代思想相结合，这里的现代思想是指在文明社会中被广泛传播与普遍接受的观念。而在普通教育中讲授过于深奥的课程内容并不合适，这就是我今天下午演讲的主旨。

事实上，对数学家而言，数学也是一门相当复杂的课程，所以常有外行人抱怨数学课程深奥难懂。对此我们毫不讳言，在一般人的观念中数学就是深奥课程的典型代表。我指的深奥并不意味着困难，只是说数学课程的应用有着很大的局限性，它几乎很少影响到人们日常的思想意识。

这种抱怨数学深奥、与生活关联度少的论点，长此以往会毁掉数学在基础教育中的功能。众所周知，数学是教育体系中不可缺少的内容，但不得不承认现实生活中受教育者的数学水平普遍偏低。我比较担心这种现象，比任何人都渴望增加数学教育的广度和深度。而要达到这个目标，我认为不能盲目地学习更多的数学课程，而是首先要找出阻碍数学广泛应用的真正原因，然后对症下药去解决真正的问题。

数学深奥吗？总的来说，应该是的。世界自有公论（Securus judicat orbis terrarum）①，大众的普遍性判断还是可信的。

数学专业的学生所学习的数学的确是深奥的，它从一般的数学原理出发，经过演绎得出无数个推论，每一个推论都比上一个前提更加复杂深奥。我今天演讲的目的并不是为数学学科的价值进行辩护，因为它本身就可以为自己证明其存在的意义。我想强调的是，数学吸引学生学习的原因也正是使数学

① 古罗马基督教思想家奥古斯丁的名言，意为世界公论起决定性作用。

应用变成一种教育障碍的原因。这些原因有：普遍性的演绎推论，推论之间的复杂联系，五花八门的计算方法，还有永恒的抽象理论特质等。这些数学的特质给我们送来真理。

数学的这些特质对学习者来说是无价之宝，从古至今吸引了众多天才人物为之孜孜不倦。但除了一些个别才智非凡的学生，一般人对于数学的这些特质很难掌握，因为数学中的诸多概念和原理纷繁复杂，与宏观理论和日常生活实际都没有明显的联系。如果一味地教授这些内容，盲目增加学生在这些方面的训练，会适得其反，很难引起人们学习数学的兴趣。

因此我们得出的结论是，要想使数学在普通教育中发挥积极作用，其教授的内容就必须经过一个严格选择和调适的过程。我并不是说对于天赋平常的普通学生而言，即使付出加倍的努力都不会在数学上有所成就。而是说我认为只要付出努力，即便是资质平平的学生，也能有所收获。要达到这一目标，当我们向年轻人呈现这门学科内容的时候，就必须摒弃数学深奥艰深的一面，应该直接而简洁地展示数学中意义深远的一般性概念。

如今，在数学教育改革的问题上，我们这一代的数学老师的确取得了令人骄傲的成就。他们在数学改革中表现出巨大的活力，并在短时间内取得了令人不可思议的丰硕成果。要知道，想在公共考试体系的桎梏下对现有的数学课程做出改变，是多么困难的事情啊！

尽管如此，我们在数学教育改革中还是取得了巨大的进步，简单点来说，至少打破了以往僵化的教育模式。我今天下午着重要谈的是重建数学教育体系的指导思想，用一句话来说，就是祛除深奥晦涩，让数学教育变得浅显易懂。

我们的教学课程，应该被设计成能简洁地例证一些重要的概念，要严格剔除那些毫无实际作用的题外话。数学教育的根本目的是让学生了解并熟悉抽象思维的奥秘，懂得抽象思维在特定环境中的实际应用，掌握如何恰当地使用正确的方法进行逻辑研究。有了这样的教育理念，就不会在教材中盲目罗列各种各样的公式、定理，强迫学生死记硬背，还要进行毫无必要的考试，简直太糟糕了。教材的编写非常重要，里面的知识应该是精挑细选后通过例证就能解释的观点。数学教材中的例子，不管是从事例中抽象出的公式，还是公式的具体应用，都应该直接明了地证明相应的数学原理。只要老师觉得必要，这样的例子多多益善，学生们要通过诸多例题来掌握复杂数学知识的实际应用。有一种错误的观点认为，艰深的题目考查的是学生的能力和天赋，而对书本知识的考查则是测试学生对知识的死记硬背程度。我个人的学习经验并非如此，所以对此观点不敢苟同。如果一个学生为了获得奖学金认真学习书本知识，哪怕是死记硬背，那他照样也可以在卷面考试中取得好的分数。数学教材只要编排得当，而不是根据教学计划随意拼凑，同样可以考查学生的数学能力。当然，前提是每个知识点都有直接的例子和丰富的练习题目。这里考试对教学的负面影响我们就不谈了。

基础数学中的主要观念其实并不深奥，只是比较抽象。之所以把数学囊括在通识教育的范围内，主要是为了训练学生的抽象思维能力。这门学科充斥着大量的抽象概念，通过学习，这些概念以精确的形式储存在我们的脑海里。在我们的教育过程中，数学是由数字、数量关系和空间关系组成的，这不是一个普通的数学定义。当然，学校教育中的数学不等同于科学研究中的数学，它的定义更为宽广。我们现在所讨论的是学校教育中的数学课程，所以只需考虑数字、数量和空间这三组关系及其相互联系就可以。

在数学教育过程中，我们的教学顺序是从特殊走向一般的。那么在教学实践中就要让孩子们通过一些简单的例子理解并应用其中的知识点。也就是说，数学教育不应该只是一味地教授给学生一个又一个数学原理，而是要让学生认识到他们所学的数学知识其实都是数字、数量和空间的关系，这才是数学的本质。从特殊到一般，这种思维方式也是所有哲学思想的基础。事实上，哪怕是一个普通人，只要他掌握了数学的基础知识，那么他就具备了学习哲学思想的基本素养。但是在数学教育中，我们要尽可能地避免对学生进行无意义的知识点的堆积与灌输。不管做多少例题，不管做多长时间，所有的例题都必须是对主要概念做出的直接说明。通过这种方式，也只有通过这种方式，我们才可以避免数学的深奥性给学生带来的恶劣影响。

我所讲的数学教育，并不是针对那些将来会成为数学家的人，也不针对那些因为职业的关系而需要运用比较复杂数学知识的人，我所指向的是所有学生应当掌握的通识教育内容，当然也包括以上两类学生。数学课程应该围绕一些简单的一般性定律展开，并通过实例进行仔细的说明和练习。这种数学教育要和前面所讲的专业数学研究区分开来，因为职业化学习需要做好更充分的准备。在数学教育的最终阶段①，学生通过练习会掌握基本的定理，比如通过运用三角形的相关知识证明圆的相关性质问题。这些对于数学家而言非常有趣，我们不禁要问：这时它就不深奥了吗？这些定理和通识教育的理念之间又会存在怎样的关联呢？在古典文化教育中，学生学习语法的目的是

---

① 数学是不断发展变化的，数学学科在不断发展，数学教育也在不断发展。

为了阅读维吉尔和贺拉斯[1]的作品，从这些伟大的历史人物身上汲取崇高的人文思想。对于数学教育的存在意义而言，难道仅仅是为了学生能掌握类似九点圆[2]这样的几何难题吗？答案当然不是，那就太狭隘了。

在数学教学的改革方面，我们的教师队伍已经付出了极大的辛劳，因此我们没有必要因为学生没有掌握更深奥的数学知识而深感沮丧甚至后悔。

让我们想想在基础教育结束以后，要如何进行复习总结才能让那些比较聪颖的学生们更进一步？毋庸置疑的是他们已经对学到的数学知识有了一个总体的把握，不一定面面俱到，只要着重掌握一般原理的运用就好，可以忽略那些细枝末节的知识点，从而为将来的进一步学习打下基础。像数学中解析几何方面的知识也可以在实验力学中找到直接的应用，这样的应用具有双重的意义，一方面可以学习物理知识，另一方面还可以复习数学知识。这两种知识涉及两类不同的观念，又相辅相成。

数学知识在力学的精确计算中至关重要。在学习过程中，学生会逐渐了解自然法则的精确概念并在生活经验中得到验证，这样公式中的抽象思维对学生来说就变得简单易懂了。整个课程体系要细致地展开，通过实例让学生掌握知识要点，而不是仅仅给出一些空洞的陈述性文字说明。

然而在最后复习的时候，如果仍是只对先前所学知识进行单纯的复述，这将是一个致命的错误。我认为应该对数学这门课程的目标尤其是最后阶段

---

① 贺拉斯（前65—前8），古罗马诗人、批评家，代表作有《诗艺》等。

② 九点圆，又称为欧拉圆。数学家欧拉在1765年就发现了它。在平面几何中，对任何三角形，九点圆通过三角形三边的中点、三高的垂足以及顶点到垂心的三条线段的中点。九点圆定理指出对任何三角形，这九点必定共圆。

的学习进行合理的规划，让学生重点了解之前学习内容中所包含的一般性概念和定理，方便其温故而知新。要完成这样一个目标，可以用一个新的主题去组织复习的内容。例如，数的概念和量的概念是精确思维的基础，在数学教育的早期阶段二者并不是截然分开的，孩子们因为先学代数，比较简单，也不会被概念所困扰，但只会关注数而不会意识到量的因素。只有那些有天赋的好学生才会认真思考量的基本特性，最终引出数字测量的概念。从数的概念到量的概念，这是一个思维上的跨越，有的书专门讲到了这一点，比如欧几里得的《几何原本》第五卷着重记述了这方面的内容。这本书展示了希腊数学中的杰出成就，却没有得到传统数学教育界人士的重视。我们并不需要把整个第五卷都引入到课堂教学中来，只需要选一些体现其基本概念与原理的重要命题就行。这对于一些学习程度比较落后的学生可能有点难度，但对于学习程度较好的学生来说则非常有意思，比如他们会热衷于讨论量的本质和量的精确测算等。这种数学教学的每一个阶段都要用真实的案例加以解释说明，不应该只是泛泛而谈。这些案例可以缺少量的特征，也可以对量的特征进行模糊处理；可以使量的特征难以准确表露，也可以给定一个准确的数值。总之要让学生认识到量的特征是否缺失、是否准确，而涉及量的关系的事物如温度、热量、电流、快乐和痛苦、质量和距离等，通通也要考虑在内。

此外，另一个需要说明的数学知识是函数。通常来说，分析中的函数就相当于物理学中的定律，或是几何中的曲线。学生开始学着绘制曲线图的时候，就开始学习函数和曲线的关系。近些年，数学课程在图表方面已经做出了不少改革，但效果不是很明显。数学教育的意义不在绘图本身，而在于领悟图表背后的数学理念，就好比拿枪支背后的人才是最关键的一样，教育行为的有效性取决于教育理念如何定位。很可惜，我们现在的教育实践貌似只是为了教会学生画曲线，而忽视了传授给学生图表背后所应掌握的数学理念。

在学习简单的代数函数和三角函数时，我们其实也开始了学习对物理定律的精确表达。曲线可以视为物理定律的一种数学表现方式。复习时可以尽量运用一些简单的函数来表达物理学中重要的案例，所以像平方反比和直线距离这些就可以不涉及。我们还可以用微积分的一些知识去证明简单的曲线性质，学生会发现变化率的概念也没那么难懂，很快就会算出 X 的 n 次幂，如 X^2、X^3 等。也许在几何学的帮助下，还可以区分正弦 $\sin x$ 和余弦 $\cos x$。如果我们摒弃填鸭式的向孩子们灌输难以理解的定理等的坏习惯，我们就会有充裕的时间让学生去关注那些真正重要的问题，等他们熟悉了数学概念的演绎过程后，学生们的思维肯定也会聚焦到那些真正核心的数学概念上。

数学知识除了可以演绎物理定律外，还可以运用在其他领域，只要这个领域中存在着精确的客观规律，而这个规律又无法通过自然观察得出准确的结论，只能通过数学计算而得出，这样的计算过程就是数学知识应用的典型代表，比如统计定律。统计需要在大量数据的基础上进行简单运算，通过数学就可以轻而易举地完成。实际上，只要稍微学点统计方法就可以对社会现象进行统计分析，就可以完成数学的实际应用。

学生们还可以通过数学史来学习数学。数学史不能仅被看作是年代和人名的集合，它的要义是阐述过去的数学思想潮流，那些思想的出现并得到解释的过程本身就足以引起人们的关注。这样的数学史可以促使我们更好地了解数学教学的理想状态。

我们已经讨论了两个主题，即量的概念和自然法则的一般性规律，这是通识教育中数学课程的重要组成部分，此外还有一个不容忽视的方面，那就是数学中逻辑方法的训练问题。

那么什么是逻辑方法，又如何训练呢？

逻辑方法不是只进行有效推理，也不全是遵从这一推理形式进行的思维集中训练。即便停留在这样的认知水平或者实践层面，这些逻辑方法也是十分重要的。因为在人类漫长的进化史中，大脑发育主要是为了不断获取新鲜食物，增强狩猎及耕种的技能，而不是为了发展归纳演绎和逻辑推理的能力。所以，在没有经历相当多专业练习的情况下，几乎没人可以进行严密的逻辑推理。

要想培养一名优秀的逻辑推理者，哪怕只是让大众稍微了解一些逻辑推理的内核性知识，使用一般的推理方法和推理训练是远远不够的。逻辑推理的艺术在于准确把握关键问题，抓住核心证明要点，整理好相关的次要知识点。一个人唯有掌握和体悟重要概念的价值并经过持续不断的训练，才会拥有优秀的推理能力。就训练人的推理能力而言，我觉得学习几何的作用优于代数。代数的思维方式难以直观展示，但几何图形对所有人来说都是直观和醒目的。在几何的运算过程中，将颜色、味道和重量等诸如此类的不相关的物质特征统统忽略掉，这样的简化和抽象化过程本身就极具教育意义。除此之外，几何中的定义、未经证明的假设命题都需要先形成一个清晰的概念来阐述基本事实及其相互关系。随着几何问题的不断证明，其中的逻辑推理就会愈加明显。在几何学习中，学生不会碰到像代数中所具有的那么多的抽象符号，也就不会疲于去记忆抽象符号而影响对逻辑方法本身的学习。而且，如果引导得当，学生在几何学习的每一个阶段、每一个点都能顺利展开逻辑推理，从而直观展现逻辑推理的要义。

暂不考虑因普通学生的迟钝而引起的学习进程缓慢问题，也不考虑其他学科的时间挤占问题，我们先来思考一下几何学在学生的通识教育中做了哪些贡献，或者说教给了学生哪些内容。我把几何学习的过程分为五个阶段，当然在教学实践中并不一定是按照这个顺序来进行的。

第一个阶段是全等[①]（congruence）的学习。我们对全等的认识，实际上取决于我们的某些判断，即当外部环境发生变化时物体本身的一些内在特征不会发生变化。无论是用怎样的方法去认识几何图形的全等，本质上都是空间上两个几何图形之间点与点的对应关系，因此所有对应的边相等，所有对应的角也相等。其实，所谓长度相等、角度相等，在本质上就是长度、角度的全等。当我们采用各种工具来测量长度和角度是否相等时，都是简化判断全等的方法而已。在数学教育中，第一个阶段，我们需要认真学习全等的概念和表现，更要认真领会全等所蕴含的逻辑推理思想和科学理论价值。关于几何全等的命题说明了几何图形（例如三角形、平行四边形和圆）的基本特征以及两个平面之间的相互关系。数学中的概念和定理过于纷繁复杂，所以我们必须选择那些有重要意义的内容进行教学，就全等教学来说，我们最好限定在一些最为基本的重要命题之中。

第二个阶段的任务是学习相似性（similarity）[②]，这一过程可以集中至三到四个基础性命题上。相似性概念是全等的延伸，同样是基于空间图形之间

---

① 全等，几何图形的等价关系。如果两个几何图形大小、形状完全相同，那么这两个图形就全等。全等是相似的特例，或者说全等图形的相似比是1∶1。

② 相似，形状相同的两个图形叫作相似形。相似的性质：对应角相等，对应边成比例。

的点对点的关联。要进行相似性方面的学习，就一定要研究相似的或者处于相似位置的直线图形，这就可以帮助我们掌握相似的概念。

第三个阶段是学习三角函数①（the elements of trigonometry）。三角函数研究相似图形的关系问题和图形旋转中的周期性问题。在这里，我们首次引入了少量以数量研究为基础的代数分析，用数量关系去研究几何图形。而我们还可以用几何图形去证明函数的周期性，最简单的方法就是利用三角函数。三角函数中有很多公式，有的公式虽然重要，但对学习来说却毫无用处，因此应该严格选用教材中出现的公式。

针对三角函数的教学，我们需要对涉及的公式进行一定的选择，当然我对这个内容的判断未必是正确的，毕竟这只是我个人对数学教育的理解。数学教育中三角函数的学习内容应该限定在一个角上，通过一个角的各种运算来完成学习过程，不能超过正弦、余弦、两角之和这样的内容。通过画出函数的图形，就能够求出三角函数的解。通过书本知识和举例说明，这门学科应当使学生掌握如下重要知识点：验证全等和相似中的一些定理；解决测量中的主要问题；掌握有关周期性和波动现象所需要的基本函数。

如果想进一步深入学习三角函数的知识，就要传授更多的三角函数公式，

---

① 三角学的英文名称 Trigonometry，约定名于 1600 年，实际来源于希腊文 trigono（三角）和 metrein（测量），其原义为三角形测量（解法），以研究平面三角形和球面三角形的边和角的关系为基础，达到测量上的应用为目的的一门学科。早期的三角学是天文学的一部分，后来研究范围逐渐扩大，变成以三角函数为主要对象的学科。主要的三角函数有：正弦函数、余弦函数、正切函数、余切函数、正割函数和余割函数。现在，三角学的研究范围已不仅限于三角形，且为数理分析之基础，研究实用科学所必需之工具。

但我们必须格外谨慎，排除那些相对复杂的公式，避免出现学生狂记大量公式的情况。所谓“排除”，就是学生不需要花费时间和精力去熟悉公式推理的过程。老师们也许会觉得有必要在课堂上通过若干例子让学生明白推理的具体过程，但是对学生来说其实并没有这个必要。同时需要指出的是，我们要从三角函数和几何学中排除内切圆①和外切圆②的所有公式，这些内容并非不重要，而是在基础的、非专业的数学教育中于学生的学习而言意义不大。

因此，有关这个主题的教学内容应该被缩减到容易学习和掌握的范围内。最近我听说美国的一所大学要求学生熟练掌握多达 90 个三角函数的公式和定理，但我们英国学校的数学教育没有那么糟糕，就三角函数的学习内容而言，数学教育基本上达到了我刚刚所谈到的预期目标。

第四个阶段是要开始学习解析几何。代数课程中对图表的绘制已经用到了一些基本概念，接下来就是用相应的方程式去讲解直线、圆和三种类型的圆锥曲线③。在此我要说明两点：第一，有时候我们的确要传授给学生一些无需论证的数学知识。例如，在坐标几何中，化简二次方程可能超出了大部分

---

① 内切圆是与三角形相关的一种特殊圆，是在三角形内部与三边都相切的圆。该三角形称为这个圆的外切三角形，三角形内切圆的圆心就是这个三角形的内心。

② 外切圆是针对另一个圆来说的，如果两个圆只有一个公共点，且圆心的距离等于两个圆半径的和，这两个圆互为外切圆。

③ 圆锥曲线是用平面及圆锥得到的曲线。2000 多年前，古希腊数学家最先开始研究圆锥曲线，并获得了大量的成果。古希腊数学家阿波罗尼斯，他用平面切割圆锥的方法来研究这几种曲线。圆锥曲线是光滑的，因此有切线和法线的概念。圆锥曲线包括椭圆、抛物线、双曲线三种，通过直角坐标系，他们又与二次方程对应，所以圆锥曲线又叫作二次曲线。圆锥曲线一直是几何学研究的重要课题之一，在我们的生活中也存在着许许多多的圆锥曲线。

学生的理解能力，但是这并不妨碍我们在梳理曲线的各种基本类型时，向学生解释圆锥曲线的位置关系。第二，我建议不要过早地讲授几何中的圆锥曲线，当然，通过简单图形的直接推理可以启发我们对解析几何的认识，但是圆锥曲线是根据焦点和准线的变化而变化的，这对学生来说理解起来有些难度，所以不贴合我们的数学教育主旨。圆锥曲线既复杂又难懂，对其基本定义通常是 $SP=e\cdot PM$，这个公式简直不知所云而且还毫无意义，真不明白为什么要让学生去学习它呢？如果要学习这个公式的话，那么诸如以数的不确定性的公式进行定义的曲线要学习吗？当我们开始研究笛卡儿方法论①的时候，自然就会想到运用一次方程和二次方程，也就明白圆锥曲线的价值了。

接下来的第五阶段就是顺理成章地学习射影几何②英（Projective Geometry）的相关内容了。射影几何的核心概念是交比（cross ratio）和射影（projection）。射影是一种一般性的点对点的几何样式，和我们前面所讲的全等和相似性中的点对点关系类似。在讲授过程中一定要分清主次，同样不要深陷到细枝末节之中。

① 笛卡儿（1596—1650），法国著名哲学家、科学家和数学家，被誉为近代科学的始祖。他创立了解析几何，为微积分的创立奠定了基础。笛卡儿方法是指他提出的培养理性的四条原则：凡是没有明确认识到的东西，绝对不把它当作真的去接受；把要考察的难题，尽可能分解成细小的部分，直到能解决问题为止；依照次序引导思想，由易到难，逐步上升到最复杂的认识；把一切情况尽量列出并做全面的检查，确保毫无遗漏。

② 射影几何是根据空间某一物体对某面的射影图，来研究该物体在空间的形状、大小和位置等几何性质的科学。射影几何是现代数学的一门分支学科，主要是用正射影法来研究图示和图解空间几何的各种问题，其次是用轴测射影法来反映物体，使之富有立体感，作为辅助性样图。

射影几何背后的理念是要传达出只要事物之间有同一的性质，那么就可以推理出它们的关系。经过射影变换后，几何图形的射影性质保持不变，是这门学科教给学生的一个极其重要的概念。交比是对射影变换进行测量和计算的方法。在教学中，我们可以结合少量的命题给学生讲解射影几何中包含的两个紧密联系的过程。第一个是简化证明，这里所说的简化是心理上的而非逻辑上的。一般情况下，射影几何中的逻辑关系是最为简单明了的。通过分析那些我们最为熟知的案例，学生们会很容易完成射影关系的证明。第二个过程是演绎证明，我们一旦发现某种射影或是能够验证它们的标准，就可以根据从一般到个别的原则推理出特殊事例。

在课堂上，我们可以对圆锥曲线的射影和二次（曲线）方程进行简单讲解，这些边缘内容可讲可不讲，所以只需要告诉学生相关的公式就好，没必要进行详细的论证。

以上所陈述的五个阶段是我个人设想出的几何课程教学的理想化状态，但理想仅是理想，未必能真正实现。实际上在每个学习阶段，课本上所展示的数学推理很少，所以我们要通过例题详细解释每个命题，以此说明它的重要性，不管这些例题由老师讲解演示，还是学生自己运算，只要能帮助学生理解例题背后所包含的数学观念就好。只有这样，学生才懂得分析空间的主要特性以及掌握调查研究的主要方法。

怀着这种精神开展数学教育，学生们的逻辑思维能够得到很好的训练，也可以掌握一些对世界进行科学探究和哲学思考的精准而确切的思维方式。我们能否进行更深入的课程改革，赋予该学科更宽阔的视野和更有哲理的精神呢？坦白说，这个目标单凭个人之力很难实现。由于我刚才提到过的那些原因，所有的教育改革都很难取得预期的目标。现代教育存在着很多弊端，改革面临的阻力也很大，但只要广大教师从内心深处认同教育改革的目标，共同努力，聚沙成塔，积少成多，就能带来意想不到的改变。数学教育改革不是一蹴而就的，要稳中求进，先从修订教材开始，然后逐步扭转数学考试中重知识轻技能的不良倾向，弱化这门学科的技术性，提升数学的思想性和思辨性。其实我们大多数的教师已经做好改革的准备了：把数学教育从一种机械性的枯燥训练中拯救出来，让数学教育更富有培养学生解决现实问题的实践意义和探索时代思潮的逻辑思辨价值。

第七章 大学及其功能

（怀特海在美国职业专科学校协会上的演讲）

一

大学的不断扩张是当今时代的一个显著特征，世界上的所有国家都参与到了这个时代潮流之中，美国更是引时代之潮流，独占鳌头。但是我们不能一叶障目，只看到其所取得的成就而忽视存在的问题。大学的发展固然存在一派繁荣昌盛的景象，数量越来越多，规模越来越大，内设院系越来越复杂，但如果我们对大学应服务于国家发展的这一宗旨缺乏广泛而深刻的认识，大学的本质功能就不会得到充分的发挥。发达国家尤其是美国有必要反思大学的功能到底是什么，并在实践中适当引导，才能推动人类文明继续向前发展。

就今天这个主题，我只谈一般原理，尽管大学里各个院系肯定都存在千差万别的特殊问题。既然是一般原理，就需要举例论证，在这里我就以商学院为例谈谈我对大学功能的看法。之所以选择商学院是因为商学院代表了大学发展中的新事物和新趋势，并与国家中占据主导地位的社会活动有着密切的联系。以这样的案例为切入口，可以很好地阐释大学教育对国民生活的影响力。就我个人而言，我所执教的哈佛大学正在筹建一所商学院，对此我颇有感触。

在这样一所世界一流的著名学府里建立如此规模的商学院，本身就很有创新意义。哈佛大学商学院的建立标志着美国大学的建院运动进入高潮阶段，数年间，类似的商学院如雨后春笋般风靡全美高校。商学院于大学教育而言还是一种全新的事物，仅这一点就足以证明需要我们对大学教育的目的进行全新的思考，回归服务社会这一初衷。

没有必要夸大商学院的新颖之处，大学教育从未被限定在纯粹的抽象学问之中。像欧洲最古老的大学，意大利的萨勒诺大学，就以专攻医学教育而闻名于世。英国的剑桥大学在 1316 年专门建立了一所国王学院，主要用来培养“为国王服务的人员”。我们的大学培养出了医生、律师和工程师等，如今商业这一高度知识化的行业也很适合纳入大学教育体系之中。商学院的课程和与教学相关的活动都还处于探索与试验阶段，所以它真的很有“新意”，但是我并不熟悉商学院的具体教育内容和运作模式，因此提出的一些观点谈不上专业，只是一种假设罢了。基于以上情况，我觉得思考一下到底哪些原则影响并塑造了这样一种全新的学院显得特别重要。

二

大学既是实施教育的场所又是开展研究的机构，但是大学存在的主要原因不是向学生传授知识，也不是单纯为教师提供科研条件与机会。

如果单纯是为了学习知识或是获取科研机会，可以有更便利经济的方法来实现，用不着斥巨资创办大学。自15世纪印刷术普及以后，书本变得很便宜，信息传播更为快捷，师父带徒弟的学徒模式也很常见。就单纯传授知识而言，大学似乎就没有存在的理由了。然而，建立大学的主要动力正是出现在15世纪以后，到了近代发展得更为迅猛。

大学存在的真正理由是搭建了一个使青年人与长者相互交流知识和生活阅历的桥梁，聚集了一群为了学术研究而殚精竭虑的人。大学的确是要传授知识，但它是以一种充满想象力[①]的方式来传授知识。这是大学必须履行的社会职责，也是它存在下去的理由，做不到这一点大学就无立锥之地了。展开想象的翅膀可以营造一种激动人心的学习氛围，可以激发灵感，这样学到的知识就不再是干巴巴的，而是充满了无限的可能性；学习知识也不再是负担，像诗人一样助力我们的梦想，如建筑师一般构筑我们的目标。

想象是一种阐明事实的方式，因此不能与事实脱节。通过总结现存事实中的一般规律并应用于未知的新领域就能开阔视野，让人们对未来充满激情，激发人们去奋斗，保持生命的活力与热情。

年轻人充满想象力，经过大学教育的强化，这种想象力就能在很大程度上受益终身。然而，可悲的是富于想象力的人往往经验不足，而经验丰富的人想象力又过于贫乏。空有想象力而没有知识，容易变得愚蠢；只有知识却没有想象力，那是迂腐。大学的职责就在于搭建一个平台把想象力和经验完美地结合起来。

在洋溢着青春活力的大学阶段，想象力训练的初期并不要求学生们能立

① 文中的想象力在汉语中更像是想象、思辨、思考力和思维活跃的综合描述。

即付诸实践。如果要求年轻人的想象力永远保持理性，就不可能养成无偏见的思维习惯，也就不能从一般规律推演出理想的案例。年轻人必须无拘无束地思考问题，不要考虑对错，放心大胆地去尝试，去领略世间万物的多姿多彩。

对于大学职责的反思可以从商学院的特殊功能上得到进一步印证，我们毫不避讳地承认商学院的主要功能是培养具有较高商业素养的人才。人类经过数千年的开拓创新式的发展证明了对生活的热情并非只为了追求平庸的物质享受，这是对人性的诋毁，对人类探索精神的污蔑。

在复杂的现代社会中，各行各业的发展都离不开思想或者智力的进步。在相对简单的环境下，开拓者们可以遵从本心一路向前，径直走向事业的山顶，将美丽的风景尽收眼底。但是现代商业环境错综复杂，如果想要获得成功就必须先进行理智的分析判断，然后寻找可能的契机。前现代社会的商业关系相对简单，人与人之间直接面对面进行交易，而当今的商业社会需要富有想象力的人去洞悉各行各业人们的心理特征，他们的情况千差万别，分布在不同的城市、山区里，居住在不同的海域、矿区和林区里。今天的商业组织需要富有想象地深入了解热带地区和温带地区不同的生存条件，需要掌握各种组织间错综复杂的利益关系，以及某一因素的改变所引起的整个商业联合体的反应。他们还需要富有想象地掌握各个地方有关政治、经济的法律法规和政府的运作机制，必须尊重当地的法律法规，熟悉不同组织的办事流程，并在具体条件下根据具体的商业环境与要求随机应变。他们需要灵活看待各种社会组织的影响力，温情地洞察人性的局限性，掌握能够激发人们凝聚力的方法。他们还要掌握一些保持健康、防止疲劳的法则和规律，要对应用科学在现代社会中的作用有充分的理解。今天的商业组织做出的肯定或者否定性的决策，不是出于盲目的固执，而是在理智地评价了相关的选择性方案后做出的理性判断。

大学培养了我们文明世界的知识先驱——神父、律师、医生、政治家、科学家和文学家，他们高举理想的旗帜，引领人们在时代的种种困惑中披荆斩棘。17 世纪的时候，清教徒①的先辈们离开了英国，坚持自己的宗教信仰，而在新大陆重建了理想的社会制度。他们早期的活动之一就是在美国的坎布里奇②建立了哈佛大学③，之所以用英国剑桥命名哈佛所在的城市是因为他们中的很多人都曾在剑桥大学接受过教育并在各自的领域颇有建树。现代的商业经营行为也需要同样形式的想象力，就像曾经的先驱者们从事其他职业时所拥有的充满智慧的想象力一样。大学正是培育这种智慧的机构，因而不断推动着欧洲民族的进步。

在中世纪的早期历史中，大学的起源看起来模糊不清，甚至是不为人所知的。大学的发展是一个逐步的、自然而然的成长过程，但是欧洲历史的许多领域正是因为大学的存在而取得了持续不断的快速发展。通过大学这个平

---

① 清教徒指英国 1620 年前到达北美洲的清教徒前辈移民。历史上，将在英国的新教徒，那些信奉加尔文主义、不满英国国教教义的人称为清教徒。由于英国的宗教迫害，大部分清教徒都逃亡到了美国，所以人们说起清教徒，一般指的是美国的清教徒。

② 坎布里奇，与剑桥同名。位于美国马萨诸塞州，紧邻波士顿市。该地除了哈佛大学之外，还有一所著名大学——麻省理工学院。

③ 哈佛大学，1636 年由马萨诸塞州殖民地立法机关立案成立，是一所位于美国马萨诸塞州波士顿剑桥城的私立大学，是常春藤联盟成员之一，也是怀特海当时任教的地方。

台，人们把行动上的探索与思想上的创新结合在一起。在此之前，不可能有人成功预测大学这样的组织机构会如此成功，虽然其中也有不够完美甚至是失败的地方，但用广阔的历史眼光来看，大学在世界各地都取得了非凡的成就。像意大利、法国、德国、荷兰、苏格兰、英格兰和美国的文化史，都证明了大学的巨大影响力。这里所说的“文化史”，并非特指学者们的思想与文化传记，而是泛指这群人的绚丽多彩的生命活动。他们曾给法国、德国以及其他国家都留下了丰硕的文明印记，加上他们展现出来的对生活的热情，共同凝聚成一种群体意识，形成爱国主义的精神底色。我们愿意成为这种社会中的一员，为了大众的福祉奉献自己的力量。

但有一个巨大的困难妨碍我们的崇高理想的实现，在现代社会这种困难甚至已升级为某种危害。在任何一个大型的组织机构中，职场新人总是被安排在服从命令的工作岗位上，在指定的岗位上做着既定的工作。没有哪家大公司的总裁会在自己的办公室里接见最年轻的员工，委以重任，给他安排公司重要的工作。年轻人往往是按部就班地工作，仅能偶尔在进出办公大楼的时候才能见到总裁的真容。每天重复这样的工作对于年轻人来说是一种很好的锻炼，可以从中获取实践经验，磨炼品性，坦白说这也是新人在初入职场时唯一适合的工作，也是公司雇佣他们时的基本要求。对此我们也无可厚非，公司传统就是这样的，但这样的传统可能会产生不良的影响，因为长期这样按部就班地工作会磨灭年轻人的想象力。

想象力退化导致的结果就是一个人职业生涯后期所需要的各种素养被过早地扼杀了。这个例子很普遍，虽然经过培训才能增强职业技能，但这种训练会破坏思维的创造活力，这是教育中的关键问题，也是教育面临困难的症结所在。

大学在培养脑力工作者，比如从事现代商业或者其他类型的传统职业的脑力工作者时，通过提升他们的富有想象力的思考能力，鼓励他们对该职业存在的各种规律进行深入思考。如此一来，处于实习阶段的毕业生就可以在工作中把琐碎的细节和一般规律结合起来，按部就班的工作也就有了新的意义。由此，一个受过良好教育的人，就可以从琐碎的工作细节和必要的行为习惯中获得价值认同和思维训练，领悟到例行公事背后的意义，也能明白带来这种意义的原理，而不是依靠单调沉闷的工作来盲目积累经验。

综上所述，大学的职责就在于通过培养学生的想象力来提高学生获取知识的能力。如果不是为了这个特定的想象力，商务人士和其他专业人才就没有必要上大学了，不如在实践中一点一点地积累工作经验。不能培养想象力的大学将一无是处。

三

想象力极具感染力，会在人和人之间传播。它无法丈量也无法称重，更不可能像物品一样直接交到学生手里。它只能由那些具有想象力和学问的教师来进行传递。关于这一点，我只是在重复前人的话而已。两千多年前，我们的祖先就用一支代代相传的火炬来象征知识，那支被点燃的火炬就是我口中的想象力。大学存在的关键就在于大学的教师队伍应是一支可以用想象力点燃学生学习热情的队伍，这是大学教育的重中之重。如果没有正确对待想象力问题，那么不管大学的规模如何扩张，学生数量如何激增，取得的成绩如何让人骄傲，终将难以实现教育的应有目标。

想象力和知识的结合需要从思想束缚中摆脱出来，灵活变通，需要有着不同经历和观点的学者的激励，还需要强烈的求知欲和自信心，这种自信源于在取得知识进步时所产生的成就感和自豪感。我们不可能一劳永逸地获得想象力，接着像储存食品一样无限期地存放在冰箱里，然后等什么时候需要了再直接取用。充满想象力和知识的生活是一种生存方式，而不是一件可以买卖的商品。

大学为它的专业教师队伍创造了把想象力和学问相结合的条件，利用这些条件，大学的教育功能和科研功能才得以展现。想让大学的老师充满想象力吗？那就鼓励他们做科研吧。想让大学的科研人员充满想象力吗？那就鼓励他们去教学吧，让他们与年轻的学子展开思想的对话。大学生正处在最具热情和想象力的阶段，思维活跃且可塑性强，心智也刚成熟，所以就需要有天赋和智力探索经验的老师加以引领。所谓教育，其实就是引导人们探索生活；所谓研究，就是思想的历险或是智力的探索。大学应该是年轻人和老年人共同成长的探索之家。对成功的教育而言，学习的知识必须有一定的新鲜度，要么它本身就很新颖，要么就是被全新地运用到新环境和新时代中。知识其实和鱼差不多，鱼离不开水，知识离不开“新”。尽管我们可能在学一些陈旧的知识或是过时的原理，但当面对学生的时候务必赋予其当下的新意，就好像刚从大海里捕捞上来的鱼一样新鲜无比。

学者的作用就在于唤醒生命中的智慧和美，若不是他们的思想魔力，智慧和美就将仍然湮灭在历史的尘埃中。社会的进步依靠三类人：学者、发现者和发明家。除了这三类人才，社会的进步也离不开广大受过教育的社会成员，每一位社会成员都应具备一定的学识、一定的探索精神和一定的发明能力。这里的“发现”，指的是在自然与社会的原有认知基础上发现某些不为人知的事物，是一个探索的过程，而不是在探索过程中进行再创造，是关于某些普遍性原理方面的知识进步；而“发明”一词，是指根据当前需要在既有的基础上进行进一步的改进，创造出一种从未出现过的东西，是普遍性原理的特殊应用。显然，这三类人是相互融合的，从一定程度上来说，只要他们对社会的进步有贡献，那么就可以被称为发明者。但是每个人因为自身的局限性因而对社会的贡献大小不一。那么对于国家而言，就需要综合协调各种社会进步力量，这样学术研究就可以促进商业实践，商业实践反过来又深化学术研究。大学就是融合各种进步活动、推动社会进步的主要机构，当然并不是唯一的媒介，但事实上，当前社会进步的国家也正是那些大学繁荣昌盛的国家。

衡量一所大学的成就不能只靠发表的论文或是出版的书籍，因为这不是思想成果的唯一展现方式。有一些极具影响力的学者平时很少写文章或者发表论文，所以少有著作传世。在每一所大学里我们总会看到一些优秀教师，他们也是少有产出，但是他们以讲座或讨论的方式直接与学生交流，表达其独特的观点，这样就会对社会进步产生深远的影响。随着时间的流逝，他们培养的学生也一天天老去、离世，这些教师的名字逐渐被人们遗忘。幸运的是，在这群人中仍有一位流芳百世，他就是大家熟知的苏格拉底①。

所以，如果仅仅根据公开发表的论文或书籍的多寡来评判一个教师的价值，那是极其错误的，而目前就出现了陷入这种误区的趋势。对此我们必须旗帜鲜明地提出反对意见，抗议有关教育管理部门一意孤行的不公正态度，以及对教师无私热忱的伤害。

综合所有的因素，剔除上述例外情况后，以教师公开发表的学术著作衡量教师队伍的思想贡献是比较科学有效的方法。当然，评价这种贡献的主要标准应当是思想的含金量而不应是字数的多寡。

这样的考察表明管理高校教师和管理商业组织大不相同。大学教师的公共参与精神和对高等教育事业的热忱决定了一所大学的水平。大学教师应该是一支由学者组成的团队，知识分子之间相互激励，自由决定各自的教学和研究工作。虽然可能会设定一些规章制度，比如授课的时间、师生的考勤等，但核心内容还是由他们自主决定，不受过多条条框框的管制。

公平对待教师的问题和学术自由关系不大，如果在工作时间和薪资都符合法律规定的条件下，雇佣一个人来提供合法的工作，这是非常公正的现象。在此前提下，每个人都是遵从自己的意志去选择工作。

接下来就只剩下一个问题了，什么样的条件才能打造出一支成功大学所需要的教师队伍？现实中很可能培养出完全不合格的教师群体，迂腐守旧，不懂变通，可能在误人子弟很多年以后，普通人才会觉察到不成功是因为老

① 苏格拉底（Socratēs，前469—前399），古希腊思想家、哲学家、教育家。他和他的学生柏拉图、柏拉图的学生亚里士多德并称为“古希腊三贤”，更被后人广泛认为是西方哲学的奠基者。

师的水平有限，并非全是个人资质问题。

现代大学体制在发达国家中的成功离不开主管部门高超而艺术的管理方法，必须遵循的一个原则就是：绝对不能仿照管理一个公司的模式来管理大学。对于一所大学的商学院的发展而言，同样适用这个原则。就如何管理一所大学这个话题来说，美国许多大学的校长都已经在公开场合发表过自己的观点了，但是到底有多少普通大众能真正懂得这个道理，那就不得而知了。就教育而言，大学教育的使命就是聚集一群极富想象力的学者，然后让年轻学子感受到他们的智慧。而如何培养这么一支学者队伍，需要什么条件，确实是值得我们认真思考、认真对待的问题。

四

论历史和地位，巴黎大学和牛津大学都是欧洲首屈一指的名校。我是英国人，所以来谈谈熟悉的牛津大学吧。在过去漫长的历史发展进程中，牛津大学可能犯过一些错误，但和它斐然的成就相比，那些缺点就微不足道了。几个世纪以来，牛津大学培养了一批又一批享誉世界的、充满想象力的学者，单凭这一点，就值得任何一位文化人对这所学校心存感念。

无须刻意寻找，在大洋彼岸的美国我们也能举出很多类似的例子。《独立宣言》的作者杰弗逊先生[1]，堪称一位伟大的美国人，他成就卓著，彪炳史册。他耗尽心力和智慧创建了一所大学[2]，整所大学从环境设施到机构设置都秉承一个原则——激发、保护想象力。

还有其他许多美国的大学可以佐证我的观点，但我最后想举的例子是哈佛大学——清教徒运动[3]的典型产物。17 世纪和 18 世纪美国新英格兰地区的清教徒们虽然生活简朴，但内心世界十分丰富，他们厌恶虚伪弄假，追求真理，极具智慧和想象力。那时的清教徒教师培养了很多闻名世界的伟人。即使后期清教徒运动日益温和，新英格兰文学迈入黄金阶段，也还有爱默生[4]、诗人洛威尔[5]和语言学教授朗费罗在哈佛大学留下自己深深的烙印。在紧随其后的科技突飞猛进的时代，心理学教授威廉·詹姆斯[6]这样的学者出现在了哈佛，成为那个时代富有想象力的杰出学者的典型代表。

---

① 杰弗逊（Thomas Jefferson，1743—1826），美国总统（1801—1809），同时也是《独立宣言》主要起草人，美国开国元勋之一，与乔治·华盛顿、本杰明·富兰克林并称为“美利坚开国三杰”。

② 这里指弗吉尼亚大学，是美国排名第二的公立大学。该校是北美地区唯一被联合国教育科学文化组织列为世界遗产的高等院校。

③ 清教徒运动，16 世纪中叶，英国国教会内部以实现加尔文主义为目标的改革运动，主张清除国教会内残留的天主教旧制和繁缛仪节，提倡“勤俭清洁”的简朴生活。

④ 爱默生（Ralph Waldo Emerson，1803—1882），美国思想家、文学家、诗人。爱默生是确立美国文化精神的代表人物，是新英格兰超验主义最杰出的代言人。代表作有《论自然》《英国人的性格》《美国学者》。

⑤ 洛威尔（James Russell Lowell，1819—1891），美国诗人、批评家、编辑、外交官。著有《比格罗诗稿》。

⑥ 威廉·詹姆斯（William James，1842—1910），美国心理学之父，美国本土第一位哲学家和心理学家，也是教育学家，实用主义的倡导者，美国机能主义心理学派创始人之一，亦是美国最早的实验心理学家之一。

如今，哈佛大学成立了商学院，这所学院依然要传承哈佛历史悠久的教育传统，需要接过这把薪火相传的智慧火炬一如既往地赋予学生以古老的智慧：想象力。从一定意义上来说，这是一件危险的礼物，它曾引起过很多灾祸。如果我们心怀胆怯，那就不如直接关闭这所大学算了。想象力往往垂青于拥有非凡才智的头脑，他出现在古希腊的城邦里、佛罗伦萨的艺术品里、威尼斯的商业成就里，在荷兰人的学术作品和英国著名诗歌里也能发现他的影子。商业和想象力往往是一起茁壮成长的，因此所有人都企盼自己的民族能拥有智慧，从而取得像雅典城邦那样的辉煌成就。“她的公民，伟大的城邦精神，亘古长存，荣耀后世。”① 以史为鉴，对于美国的教育者来说如果要引领世界必须有更多仰望星空的气质。

① 这里引用了英国诗人雪莱的诗，原文为：“Her citizens, imperial spirits, Rule the present from the past.”